Le défi urbain

Pierre-André de Chalendar

Le défi urbain

Retrouver le désir de vivre en ville

Odile Jacob

15, rue Soufflot, 75005 Paris

www.odilejacob.fr

ISBN : 978-2-7381-5618-1

À Leticia.
À François, Jacques, Laure et Antoine.

« Nous n'héritons pas de la terre de nos parents, nous l'empruntons à nos enfants. »

Introduction

En 1800, moins d'un terrien sur dix habite dans une ville. Londres, la cité la plus peuplée du monde après Pékin, compte 850 000 habitants, Paris 550 000, New York moins de 80 000. Aujourd'hui, 55 % des habitants de la planète vivent en ville, soit un peu plus de 4 milliards d'êtres humains. On recense dans le monde une trentaine de villes de plus de 10 millions d'habitants, dont la plupart se trouvent en Asie.

En 2050, probablement plus des deux tiers de l'humanité vivront dans des villes. Près de 6,5 milliards d'enfants, de femmes et d'hommes, 2,5 milliards de plus qu'aujourd'hui, cohabiteront dans de vastes ensembles urbains comptant des dizaines de millions d'habitants. L'essentiel de cette progression se déroulera en Asie et en Afrique subsaharienne.

En un siècle, de 1950 à 2050, la population urbaine de la planète passera ainsi de 750 millions à plus de 6,5 milliards d'individus. Depuis les premières colonies urbaines de Mésopotamie, vers 4000 avant notre ère, le déplacement des populations en direction des villes constitue donc la plus grande migration de toute l'histoire de l'humanité. L'espèce humaine a muté vers l'*Homo urbanus*, l'« homme urbain », progressivement arraché de son milieu d'origine, les forêts, les champs et les villages, pour s'enraciner dans un univers de pierre et de béton.

Cette soif inextinguible de la ville est à la fois le fruit de la nécessité et du désir. La ville a toujours été un formidable carrefour d'échanges d'informations, d'interactions entre les êtres humains. C'est dans les villes et leurs universités que l'on a produit des idées, des innovations, des technologies nouvelles. C'est dans leurs rues et leurs faubourgs que sont nées des révolutions qui ont changé l'histoire de civilisations et d'empires. La ville, c'est la lumière, la fête, les rencontres, le travail, le savoir, l'argent, les idées, la création, la culture, la modernité. Selon une étude réalisée par McKinsey en 2018, les 600 plus grandes villes de la planète créent plus de 60 % du PIB mondial et représentent une grande partie du patrimoine, des richesses accumulées. Mais les centaines de millions de citadins qui s'entassent aujourd'hui dans les bidonvilles (ils seront 1 milliard en 2050) font le choix de la ville par nécessité, poussés par la pauvreté et l'isolement.

Ils n'aperçoivent que de très loin les éclats de la ville dont ils sont les soutiers fantomatiques.

Cette urbanisation à marche forcée, à la fois subie et choisie, pose toute une série de problèmes. Les premiers sont liés à la capacité des villes à offrir aux habitants les infrastructures et les services qui créent des conditions de vie acceptables et, dans le meilleur des cas, agréables. Les seconds ont trait à ce que l'on nomme aujourd'hui l'« empreinte environnementale » de la ville. Selon les études de l'ONU, les villes consomment 78 % de l'énergie mondiale et produisent 70 % des émissions de gaz à effet de serre. Les troisièmes concernent les conditions mêmes de la vie urbaine, en matière de sécurité, de mixité sociale, de santé publique, de mobilité. Ces problèmes se posent de façon plus ou moins aiguë selon les villes, les régions, les pays, les continents. Les défis auxquels font face, par exemple, Jakarta, Delhi, Paris, New York ou Shanghai sont de nature différente. Dans certains ensembles urbains d'Afrique et d'Asie, les services essentiels, comme l'accès à l'eau potable et à l'assainissement, la mise à disposition de logements salubres, ne sont pas assurés pour tous les habitants, ce qui reste plus rare dans les villes européennes ou d'Amérique du Nord.

Même chez nous, en Europe, le modèle urbain s'essouffle. La ville devient moins désirable. La crise de la Covid-19 a révélé la fragilité de ce modèle et suscité chez beaucoup d'urbains un désir d'ailleurs, de nature, de campagne, que tous ne concrétiseront pas, mais qui révèle un malaise croissant devant les conditions actuelles de la vie urbaine. Trop de pollution, trop de bruit, des logements précaires, des logements trop chers et/ou trop exigus, des mobilités pénibles, du stress, des tensions sociales…

Ce serait pourtant une erreur de penser que le mouvement d'urbanisation va s'interrompre. Au contraire, la France, comme beaucoup d'autres pays, se dirige vers un modèle d'organisation territoriale fondé sur les métropoles que ceux qui les dirigent et les organisent aspirent à rendre à nouveau « désirables ». De toute part naissent des réflexions sur la « ville durable », la « ville intelligente », la « ville apaisée ». Elles témoignent d'une volonté de réformer le modèle urbain tel que nous le connaissons et qui s'est forgé au cours des décennies précédentes. Ce n'est pas une tâche facile. Car tenter de concevoir la ville de demain, ce n'est pas partir d'une feuille blanche. Les villes existent, elles sont le produit de nombreuses strates de l'histoire, le fruit de plusieurs modèles urbanistiques qui se superposent, s'entremêlent et avec qui il faut bien composer, faute de pouvoir faire table rase du passé.

Repenser la ville, c'est vouloir la mettre en situation de relever les défis climatiques, environnementaux, technologiques, sociétaux qui se posent à elle, de telle sorte que le « désir de ville » renaisse et que la « cité » continue de jouer son rôle de créatrice de valeur économique, sociétale, culturelle, environnementale au service d'une croissance durable et inclusive.

C'est l'objet de ce livre que de proposer cette nouvelle approche de la ville. Il n'est pas écrit par un urbaniste, un architecte, un dirigeant politique, mais par un chef d'entreprise, une entreprise étroitement impliquée dans la fabrique de la ville, par les nouvelles technologies qu'elle y implante, notamment dans le domaine de la construction. C'est aussi le livre d'un voyageur qui, au cours des dernières décennies, a été le témoin du développement d'un grand nombre de villes à travers le monde et qui a tiré de cette observation des enseignements qu'il souhaite aujourd'hui partager, au bénéfice, espère-t-il, de la réflexion globale sur la ville de demain.

Mon propos est de tenter de répondre à trois grandes questions : pourquoi l'humanité a-t-elle choisi, dès l'origine, de « faire ville » et qu'ont produit ces villes dans l'histoire des hommes ? Pourquoi sommes-nous fatigués de ce modèle aujourd'hui ? Que changer pour en faire renaître le désir et transformer la ville en un objet nouveau, amical aux hommes et à l'environnement ? Cette dernière question est cruciale, car elle met en jeu des changements très profonds dans nos façons de vivre, de produire, d'échanger, de faire lien.

Je crois à l'avenir de la ville. En dépit de la crise de la Covid-19, je ne vois guère d'alternatives crédibles, et certainement pas une sorte d'exode rural à rebours. Et, d'ailleurs, s'il se produisait, nous nous retrouverions alors dans la logique absurde énoncée en son temps par Alphonse Allais, qui conseillait de construire les villes à la campagne « car l'air y est plus pur ». En revanche, je suis convaincu que notre modèle urbain doit changer. Cela ne veut surtout pas dire qu'il faut détruire les villes anciennes pour en édifier de nouvelles. Il faut les transformer de l'intérieur, sans renier les traces de l'histoire qu'elles peuvent encore porter. La ville doit répondre à deux objectifs essentiels : réduire son empreinte carbone globale, offrir à ses habitants un confort de vie au sens large. Sur le premier point, cela signifie que la ville doit réduire progressivement sa dépendance à l'automobile et adopter des systèmes de « mobilités propres » ; cela suppose aussi d'entamer un vigoureux effort de rénovation thermique des bâtiments afin de diminuer drastiquement leurs émissions de CO_2. Et de réintroduire le végétal dans la cité, sous toutes les formes possibles. S'agissant du confort des habitants, il sera grandement amélioré si les deux conditions précédentes sont remplies. Mais il ne faut pas oublier l'une des fonctions essentielles de la ville : un lieu d'échanges, de rencontres, de dialogues. Pour que cette fonction soit préservée et renforcée, c'est l'organisation même de la ville qui doit être repensée afin qu'elle favorise la mixité sociale et l'inclusion. Le chantier est vaste, mais il n'est plus possible d'en retarder la mise en œuvre si nous voulons que nos enfants puissent s'épanouir au sein d'espaces urbains à leur mesure.

CHAPITRE 1

Toutes les lumières du monde

Des villes aux rues désertes, vidées de toute présence humaine. Une impression de fin du monde, évoquant les films de science-fiction dans lesquels les êtres humains sont brutalement effacés de la surface de la terre par quelque catastrophe mystérieuse. Avec un mélange de stupéfaction et d'incrédulité, nous avons tous regardé ces images, entre mars et mai 2020, filmées à Paris, Londres, Rome, Barcelone, Munich, Berlin, Jérusalem, New York, Calcutta, La Paz, San Francisco, Wuhan pour ne citer qu'elles. On a beau chercher, on ne trouve pas de précédent à cette situation singulière, sauf peut-être à Paris, le 14 juin 1940, lorsque les troupes nazies sont entrées dans une ville vidée de 2 millions de ses habitants. Et encore, les bouquinistes des quais de Seine étaient restés ouverts ce jour-là... Ces cités fantômes, ceinturées d'autoroutes et d'aéroports vides, même si elles révélaient leur beauté et la richesse de leur patrimoine historique et monumental, n'en exprimaient pas moins leur fragilité face à un ennemi invisible. Des colosses aux pieds d'argile contre la pandémie. Elles révélaient aussi à quel point leur rôle dans la vie économique, sociale, culturelle de nos sociétés était prédominant. Certes, comme nous le verrons plus loin, la Covid-19 n'est pas la seule maladie à laquelle les grandes cités ont été confrontées. Mais la domination du modèle urbain dans le monde d'aujourd'hui l'expose, encore plus que dans le passé, au risque de paralyser l'économie tout entière lorsqu'il est dans l'incapacité de fonctionner. D'où les débats actuels sur sa remise en cause, car l'épidémie n'est pas seulement une question sanitaire, elle révèle aussi toutes les fractures qui peuvent affaiblir les sociétés urbaines.

Uruk, la cité légendaire de Mésopotamie

En commençant l'écriture de ce livre, je n'avais pas prévu de me plonger dans l'histoire des villes. Le sujet a été maintes fois exploré par des historiens de métier. Mon sujet c'est la ville d'aujourd'hui et de demain. Mais je me suis vite rendu compte que si l'on veut parler de la ville, il faut prendre un peu de perspective. La ville n'est pas un produit industriel, dont l'ébauche commence sur une planche à dessin et qui sort de l'usine tout beau, tout neuf. Je ne pouvais pas m'intéresser à la ville de demain sans regarder d'un peu plus près la ville d'hier et même d'avant-hier, d'autant que j'ai toujours aimé l'histoire. Je me suis alors posé une question toute simple : quand et pourquoi les hommes ont-ils ressenti le besoin de se rassembler en grand nombre et de bâtir des cités ? Je me suis remémoré mes cours d'histoire et de géographie et me suis rendu compte que tout ou presque nous y parle de villes. Certaines ont gouverné des empires comme Rome, Lisbonne, Madrid, Vienne. D'autres ont régné sur le commerce mondial comme Venise, Amsterdam, Hambourg. D'autres encore ont été le fruit de la volonté politique d'un souverain, de son désir de laisser une trace indélébile dans l'histoire de son règne comme Saint-Pétersbourg. D'autres enfin, comme Florence ou Paris, ont été les symboles de la création artistique et de l'intelligence. Mais quelle fut la première d'entre elles, et pourquoi à ce moment-là et à cet endroit précis ?

Dans un livre passionnant, *Metropolis*[1], l'essayiste britannique Ben Wilson répond à ces questions en évoquant la ville légendaire d'Uruk, qui fut, avant les lieux bibliques, la première vraie cité du monde, et qui devait rester la plus peuplée pendant au moins un millénaire. Entre le Tigre et

1. Ben Wilson, *Metropolis : A History of Mankind Greatest Invention*, Jonathan Cape, 2020.

l'Euphrate, dans l'ancienne Mésopotamie, elle s'est constituée vers l'an 5000 avant notre ère et a consacré l'âge d'or de la civilisation mésopotamienne. Les historiens se sont longtemps interrogés sur les raisons qui ont poussé les habitants de cette région à se rassembler sur ce site. Les conditions climatiques n'y sont guère favorables, les pluies sont rares, la terre est desséchée. Mais ce sont justement ces difficultés qui ont poussé les hommes à collaborer afin de creuser des canaux, d'irriguer les terres, de triompher de l'adversité en recherchant la protection de leurs divinités. Une agriculture, de l'élevage, des temples, une mise en commun de la force de travail, tels sont les éléments clés qui ont contribué à la fondation d'Uruk, qui, au temps de sa splendeur, était ceinte d'une haute muraille, parcourue de canaux alimentés par les eaux de l'Euphrate, agrémentée de jardins, de vergers, de palmiers, constituée en un entrelacs de ruelles bordées de maisons ouvrant sur des jardins intérieurs, peuplée de plusieurs dizaines de milliers d'habitants, mais aussi d'éléphants, de buffles, d'ânes, de chèvres, de chiens, de bouquetins en liberté.

Les travaux des archéologues (le site a été redécouvert au milieu du XIXe siècle par un géologue anglais) montrent que vers l'an 3000 avant notre ère, Uruk s'étendait sur 230 hectares, que les arts y étaient florissants et que la cité était dominée par un ensemble de temples monumentaux. Ben Wilson explique aussi que c'est à Uruk que furent découvertes les plus anciennes tablettes écrites de Mésopotamie, ce qui accrédite à la fois la légende selon laquelle c'est dans cette cité que fut inventée l'écriture et la thèse selon laquelle la création, l'invention, ne peut naître que d'un rassemblement d'humains désireux de communiquer et d'échanger les uns avec les autres. Dans *L'Épopée de Gilgamesh*, l'un des textes les plus anciens de la littérature antique, probablement écrit vers l'an 2100 avant notre ère, et qui fait référence à un héros légendaire de la période sumérienne, on croise un jeune homme, Enkidu, qui vit en harmonie avec la nature, en compagnie des animaux sauvages. Jusqu'à ce qu'il rencontre une jeune femme, Shamat, qui se baigne dans un étang. Cette dernière va l'attirer vers Uruk, d'où elle vient, en lui décrivant les mille et une merveilles de la cité, où les habitants sont richement vêtus, dansent, partagent de somptueux repas, boivent de la bière ; là où l'on rencontre les femmes les plus belles et les œuvres d'art les plus raffinées. J'ai été surpris que déjà, à cette époque précoce de l'histoire de l'humanité, l'opposition entre la nature et la ville apparaisse clairement. Enkidu symbolise l'état primitif de l'humanité livrée à la rudesse, mais aussi à la liberté de la vie naturelle. Shamat incarne la sophistication et la séduction de la culture urbaine, qui seule permet à l'homme de se dépasser, d'exprimer ses talents et ses pouvoirs. L'homme brut se civiliserait donc au contact de la ville, associée à une créature féminine… La ville séductrice, mais peut-être aussi corruptrice, est donc une idée vieille comme le monde, ou presque. Ce récit qui mêle et oppose nature et ville fait écho à ceux de la Bible, écrits un peu plus tard. La Bible s'ouvre en effet avec la description du jardin d'Éden, et si les villes de la Genèse, qu'il s'agisse de Babel ou de Sodome, évoquent plutôt les dangers ou les faces sombres de l'urbanisation et des regroupements humains, le Nouveau Testament se terminera à la fin du livre de l'Apocalypse par la description de la Jérusalem d'En Haut, la Cité céleste, ultime destin des hommes, sous donc la figure d'une ville ou l'humanité entière est assemblée dans l'amour et participe en plénitude à la vie de Dieu.

De Byblos à Carthage, l'empire des Phéniciens puis des Romains

En attendant, en parcourant à grands traits les évolutions de la civilisation urbaine, j'ai été frappé par l'importance de l'économie et des échanges commerciaux dans la formation et le déploiement des villes, une idée qui m'intéresse beaucoup en tant que chef d'entreprise. C'est de cette façon que s'explique l'éclosion du grand peuple de marins et d'entrepreneurs que formaient les Phéniciens, au cours du Ier millénaire avant notre ère. Ils surent établir depuis leurs terres d'origine (le Liban actuel) toute une série de cités maritimes, sur tout le pourtour de la Méditerranée, de Byblos à Carthage, de la côte ouest du Maroc à Cadix et Lisbonne, échangeant de l'huile d'olive, des parfums, des tissus, mais aussi de l'argent, de l'or, du cuivre, de l'ivoire, jusqu'à Babylone et à Ninive. Les marins phéniciens s'aventuraient assez loin dans l'Atlantique pour y capturer des cargaisons de murex, ce gastéropode marin carnivore dont on extrayait une teinture, la « pourpre de Tyr », la couleur de la royauté, que s'arrachaient les grands prêtres de Babylone et des autres grandes cités de la région. C'est en poursuivant cet animal marin, dont il fallait capturer de grandes quantités, que les Phéniciens créèrent des ébauches de villes sur la côte atlantique.

Puis, dans le sillage des Phéniciens, se développent alors des grands ports autour de la Méditerranée, comme Athènes, Alexandrie, Byblos. La cité devient un centre économique, un nœud de transactions les plus diverses, elle apprend le cosmopolitisme, l'écriture devient un outil d'échanges. Plusieurs siècles avant notre ère, les Grecs jettent les bases d'un réseau de villes en mer Égée, en Asie Mineure et jusque sur les côtes françaises, où ils s'installent auprès d'une tribu Ligure pour fonder ce qui est aujourd'hui la ville de Marseille. À leur contact, les marchands étrusques commencent à ériger leurs propres cités dans la vallée du Pô et en Toscane. Un peu plus au sud, sur les rives du Tibre, un groupe de langue latine, vivant dans des huttes sur le mont Palatin, draine les marais et commence à bâtir une ville qu'ils appelèrent Rome. « Cette cité était le fruit des idées nouvelles qui arrivaient par bateau de l'autre côté de la Méditerranée », écrit Ben Wilson[1]. Je n'oublie pas que la civilisation grecque, chère à mes souvenirs de lycéen, s'est déployée en Europe du Sud grâce à une vaste constellation de près de mille villes perchées sur les côtes et les îles de la Méditerranée, « comme des grenouilles autour d'une mare », selon le mot de Platon. Ces cités étaient ouvertes aux influences étrangères, en provenance d'Asie, d'Égypte, de Mésopotamie, de Perse, ce qui favorisait la diffusion de nouvelles théories en matière de navigation, d'astronomie, de médecine, de philosophie. L'administration de ces cités a donné lieu à la formulation d'une véritable philosophie politique, que les Grecs ont nommée *polis*, un concept proposant les bases de l'organisation politique, religieuse, militaire et économique des citoyens libres formant ces nouvelles communautés urbaines.

Cette philosophie a profondément marqué la pensée occidentale pendant des siècles. Je connais bien la ville de Washington. J'y ai appris notamment que si nombre de ses édifices ressemblent à des temples grecs ou romains, c'est parce que James Madison, quatrième président des États-Unis (1809-1817), qui a élaboré les grands principes de la Constitution américaine au travers des Papiers fédéralistes, publiés entre 1787 et 1788, avait étudié les républiques et

1. *Ibid.*

confédérations antiques, Rome bien sûr, mais aussi la Ligue amphictyonique de Delphes, au VIe siècle avant notre ère, ou la Confédération lycienne en Asie Mineure, qui avait mis au point le vote à la proportionnelle. Madison a voulu, au travers de l'architecture de la capitale, rappeler la force et l'influence des cités antiques.

À quelques exceptions près, je remarque que la généalogie des villes, surtout en Europe, est très ancienne. Elles sont presque toutes nées sous l'Empire romain, ce qui n'est évidemment pas dû au hasard. En Gaule, en Germanie, en Angleterre, c'est le désir des élites des peuples conquis d'adopter un mode de vie plus élaboré, d'accéder au concept latin de *cultus*, synonyme de raffinement, de sophistication, de rompre avec la vulgarité de la *rusticitas*, qui pousse à la création des villes. L'Empire romain était lui aussi constitué d'un réseau de cités, centres militaires et administratifs, bâties sur le modèle méditerranéen, reliées entre elles par des routes et des ponts. En Gaule, la Via Agrippa reliait Arles à Boulogne-sur-Mer par Lyon et Amiens, la Via Domitia, depuis l'Espagne et Narbonne, atteignait Briançon. En Angleterre, en Germanie, en Espagne, dans les Balkans, de véritables réseaux routiers reliaient entre eux les principaux centres urbains de l'Empire.

La Lutèce gallo-romaine compte près de 10 000 habitants, concentrés sur l'île de la Cité et la rive gauche de la Seine. Elle est dotée d'un amphithéâtre, de thermes, d'un forum sur l'actuelle montagne Sainte-Geneviève et doit son expansion économique à la corporation des Nautes, qui règnent sur le trafic fluvial (la nef représentée sur les armoiries de la capitale). Les familles aisées habitaient des villas bâties sur le modèle romain. Londinium, fondée en 43 après l'invasion de l'Angleterre par l'empereur Claude, devient rapidement un centre de commerce important avec les provinces romaines du continent, « énormément fréquenté par les marchands et les navires de commerce », comme l'écrit Tacite dans ses *Annales*.

L'âge d'or de la Hanse

C'est en grande partie sur ce réseau d'infrastructures routières et de cités marchandes que se développent les grandes villes du Moyen Âge au cours duquel se déploie une première vague d'urbanisation. Au XIIIe siècle, Paris est la plus grande ville de l'Occident chrétien avec plus de 200 000 habitants. Une nouvelle population urbaine s'agrège autour des cathédrales et des châteaux dont la construction draine vers la ville des milliers d'ouvriers, tandis que l'essor économique et le développement des corporations de métiers favorisent l'apparition d'une nouvelle classe de « bourgeois » qui repoussent les anciennes limites de la cité. Entre le XIe et le XIVe siècle, Paris se dotera ainsi de trois enceintes, avant que Louis XIII n'en bâtisse une quatrième au moment de la guerre de Trente Ans.

La ville et l'économie, la cité et les activités productives, sont profondément liées. Si les villes se développent, c'est qu'elles deviennent de véritables centres économiques et marchands, tout autant que religieux et politiques. Si l'on s'intéresse un peu à l'histoire économique des villes, on découvre que cette relation se consolide dès la formation des corporations de métiers, aux XIIe et XIIIe siècles, probablement lointaines héritières des organisations professionnelles gallo-romaines. Les marchands de l'eau en 1121 et les bouchers en 1162 à Paris, les drapiers à Valenciennes en 1167 furent parmi les premières corporations à voir le jour. Et, à partir du XIIe siècle, les activités de ces corporations ainsi que leurs prérogatives commencent à se codifier pour former un ensemble « réglementaire » dont les dispositions essentielles vont durer jusqu'en 1791. Cette période est marquée par une forte croissance des activités, et donc par le développement des villes. On passe progressivement de l'âge agricole à celui de la civilisation urbaine et de l'industrie. On construit des hôtels de ville et des halles. C'est le temps où fut fondée la Hanse et où les échanges s'intensifient entre l'Allemagne et l'Italie du Nord. Les artisans se regroupent, souvent dans un même quartier, paroissiens de la même église. La mise en chantier des grandes œuvres architecturales que sont les cathédrales favorise le développement des métiers et leur organisation. À Strasbourg, les maçons qui construisent la cathédrale fondent entre eux des confréries à la fois mystiques et professionnelles. Les cathédrales de Noyon, de Laon, de Senlis, de Soissons, de Chartres suscitent le même mouvement. C'est cette liberté d'entreprendre qui se développe dans les villes, tout autant que le souffle créateur des artisans, qui nourrissent les corporations. À partir du XIIe siècle dans les villes industrieuses et marchandes du nord de la France comme Cambrai, Noyon, Laon, Saint-Quentin, la corporation devient le socle de la vie municipale. Les membres de ces corporations sont liés par une série de principes, de coutumes, d'obligations.

Ce phénomène s'observe partout en Europe. Dans le nord du continent, au cours du XIIe siècle, la ville de Lübeck, fondée à la fin des années 1150, donna naissance à une vaste expansion urbaine vers les terres slaves de l'Est européen, sous l'impulsion des chevaliers Teutoniques, qui se concrétisa par la création de plusieurs centaines de villes en deux siècles à peine, alimentée par une fièvre de conquête de nouveaux territoires. Mais Lübeck et d'autres villes de cette région comme Hambourg se voulaient non seulement des centres marchands, mais aussi des défenseurs d'une nouvelle classe urbaine « libre », choisissant de se gouverner elle-même, hors de l'emprise des princes et de l'Église. Lübeck devient une « ville impériale libre » en

1226, gouvernée par un conseil de vingt membres nommés par les guildes marchandes, désignant quatre maires, qui, pendant des siècles furent considérés comme des personnages politiques de premier plan en Europe. Avec Hambourg, elle aussi une ville libre, et Brême, Lübeck forme la Hanse, une association de villes marchandes, régnant sur des territoires que forment aujourd'hui les pays Baltes, la Scandinavie, l'Allemagne, la Pologne, et dont l'influence s'étendit sur toute l'Europe politique et économique jusqu'au XVIIIe siècle. Et elles jouent, aujourd'hui encore, un rôle essentiel dans les économies européennes.

Je n'oublie pas Venise, une ville chère au cœur des Français, qui illustre à merveille ce concept de ville-État. Au XIIe siècle, elle figurait parmi les plus grandes villes occidentales, avec plus de 100 000 habitants, et s'était dotée d'une organisation politique tout à fait singulière, formant la « république de Venise », répondant à l'idéal de la république de Platon. Dès 1310, la ville est gouvernée par un « Conseil des Dix », représentant l'oligarchie de la cité, et qui élit un doge à vie. Moins « démocratique » que celui des villes hanséatiques, ce système de gouvernement permit à Venise d'étendre son influence économique sur une grande partie de l'Europe, mais aussi vers l'Empire byzantin, la mer Noire, l'Asie centrale et même la Chine. Cette indépendance républicaine ne prit fin qu'en 1796 avec l'invasion de la ville par les troupes de Bonaparte. Plus que toute autre ville européenne, Venise fut le symbole, pendant plusieurs siècles, d'un triple rayonnement, marchand, politique et culturel.

Plus tard, les grandes découvertes accélérèrent encore l'enrichissement des grandes villes européennes. À la fin du XVᵉ siècle, l'Europe entière avait les yeux tournés vers Lisbonne, une ville cosmopolite vers laquelle convergeaient les marchands de tout le continent, et notamment les Allemands et les Hollandais. C'était alors la cité la plus exotique d'Europe, ouverte sur les grandes cités marchandes d'Asie (en 1500, sept des plus grandes villes du monde étaient situées sur le continent asiatique), mais aussi sur l'Afrique et bientôt l'Amérique. Les cartographes tenaient alors le haut du pavé, comme l'a fort bien raconté Erik Orsenna[1], et leurs représentations du Nouveau Monde s'arrachaient à prix d'or, quand elles n'étaient pas jalousement gardées par le souverain.

Que nous raconte cette première phase de l'urbanisation de l'Europe ? J'y puise avant tout cet enseignement : le phénomène urbain répond à un profond désir de l'humanité. C'est ce désir qui pousse le jeune Enkidu dans les bras d'Uruk, la cité légendaire de Mésopotamie. C'est ce même désir qui préside à la fondation des cités antiques, des villes marchandes du Moyen Âge et des cités royales des siècles

1. Erik Orsenna, *L'Entreprise des Indes*, Stock/Fayard, 2010.

suivants. Ce désir est de plusieurs ordres. Il est d'abord lié à l'appétit d'enrichissement parce que c'est dans les villes que se crée la richesse économique. Mais c'est aussi un désir de rencontres, de connaissances, d'acquisition de compétences, d'échanges d'idées. C'est encore un désir de liberté, car la ville échappe au servage et permet d'exprimer une certaine liberté de pensée et d'opinion. L'histoire de Paris est d'ailleurs tout à fait singulière de ce point de vue. À de nombreuses reprises, elle s'est opposée au pouvoir royal. En janvier 1357, après une nouvelle dévaluation monétaire, toutes les corporations cessent le travail et descendent en armes dans les rues, chaque corporation déploie ses bannières, sous l'autorité du prévôt, Étienne Marcel. La révolte dura plus d'un an, et seule la mort brutale d'Étienne Marcel empêcha Paris de devenir une ville « libre » à l'image de Venise ou de Hambourg. Puis survint la révolte des « maillotins » en 1382, avant celle, plus sérieuse, des cabochiens en 1412, du nom de l'écorcheur Caboche, membre de la corporation des bouchers, au cours de laquelle des milliers de valets bouchers et d'artisans du cuir assassinent le bourgeois, se rendent maîtres de Paris pendant près d'une année, avant que les autres corporations ne finissent par se fatiguer des désordres ainsi créés. Plus tard Anne d'Autriche et son fils, le jeune Louis XIV, durent fuir la capitale, en janvier 1649, face à la fronde des Parisiens, du Parlement et d'une partie de l'aristocratie. Il s'en fallut de peu que la république soit instaurée et que le jeune Louis ne soit emprisonné ou même tué.

Enfin, il y a le désir dans ses différentes acceptions, le désir de beauté, d'élégance, de lumière d'abord. La plupart des villes européennes offrent le spectacle d'un patrimoine monumental et historique unique au monde, qui nous touche encore aujourd'hui, et auquel les contemporains, de toute classe sociale n'étaient pas du tout indifférents. La ville a toujours été le lieu du geste architectural, qu'il s'agisse des temples sumériens, grecs ou romains, des cathédrales, des palais de la Renaissance, des chefs-d'œuvre de la période classique et des siècles suivants. Et aussi le lieu d'assouvissement d'autres désirs moins nobles. Innombrables sont les écrits qui décrivent la ville comme le réceptacle de tous les vices, à commencer par le stupre et la fornication. C'était déjà la réputation de Babylone, ce fut aussi celle de Paris dont les fêtes brillantes étaient le prétexte aux commerces charnels les plus débridés. Des libertés que la vie rurale de cette époque était loin d'offrir.

La ville fébrile de la révolution industrielle

C'est de cette multiplicité de désirs qu'est née la ville, transcendant les conditions difficiles de la vie urbaine de cette époque, et qui vont continuer d'alimenter l'urbanisation du monde. Elle prend un envol spectaculaire à partir du XIXe siècle. Pourtant, la promiscuité, les conditions d'hygiène publique déplorables, la criminalité, un habitat vétuste, les encombrements de la circulation, les incendies, la propagation des maladies, suscitent des flots de critiques de la part des contemporains. Ils s'inquiètent déjà de la « surpopulation ». Il est vrai qu'entre 1600 et 1800, Paris a gagné 250 000 habitants, Londres 200 000, Lisbonne 165 000. Mais le XIXe siècle bat tous les records. Londres abrite 2,5 millions d'habitants en 1901, Paris 2,6 millions à la veille de la Première Guerre mondiale, New York près de 3,5 millions. Entre 1900 et 1927, selon une recension réalisée par les *Annales de géographie* en 1932, le nombre de villes comptant plus de 1 million d'habitants passe de 11 à 27, dont 15 en Europe et en Amérique du Nord. En outre, les citadins doivent partager le pavé avec un animal bien encombrant, le cheval. En 1900, Paris en abritait plus de 80 000 qui créent des embouteillages inextricables et dont les crottins empoisonnent littéralement l'atmosphère. La littérature sur le sujet est abondante. À New York, les prévisionnistes tirent des courbes et en concluent que si le nombre de chevaux continue d'augmenter, le volume des crottins pourrait bien atteindre le troisième étage des immeubles de la ville. Le développement de l'automobile réglera le problème.

Naturellement, il y a plus grave. La révolution industrielle a attiré dans les villes des millions de ruraux et créé une nouvelle classe sociale, celle des prolétaires. Les villes se couvrent d'usines et d'ateliers. En 1840, un chroniqueur décrit la ville de Manchester comme la « cheminée du monde ». Près de 500 cheminées exhalent une fumée épaisse, issue de la combustion du charbon. Les usines textiles foisonnent, au point que la ville gagne le surnom de « Cottonpolis ». Les conditions de vie des ouvriers sont misérables, ils vivent entassés dans de véritables taudis. C'est en les visitant que le jeune Friedrich Engels, envoyé à Manchester par sa famille afin qu'il oublie ses idées communistes (son père y possédait une filature de coton), écrira son fameux livre, *La Condition de la classe ouvrière en Angleterre*, publié en 1845. Manchester est loin d'être un exemple isolé de cette urbanisation à marche forcée. À la même époque, Chicago est décrite comme « la ville la plus laide du monde » à cause de ses aciéries, de ses fabriques de rails de chemin de fer, de sa pollution, de ses locomotives, du bruit incessant. La plupart des grandes villes européennes se couvrent également d'usines, comme Berlin et sa « Siemensstadt », les villes rhénanes, Saint-Pétersbourg, Moscou, Milan, la proche banlieue parisienne. C'est aussi l'époque où les villes se modernisent grâce à l'apparition du métro, du tramway, de l'électricité, des réseaux d'eau potable, des immeubles de grande hauteur équipés d'ascenseurs. Le baron Haussmann transforme Paris, l'équipe de jardins publics et de bois, détruisant au passage l'habitat ancien de plusieurs milliers de familles modestes.

De marchande, la ville devient industrieuse et industrielle. Elle n'est plus la vitrine des souverains mais des financiers et des entrepreneurs. Elle se transforme en objet politique d'un genre nouveau et bouillant : la fabrique de la révolution, le lieu de l'affrontement de classes, de la grève, de la revendication, de la violence sociale, qui nourriront la chronique urbaine jusqu'à la fin des années 1930. En un siècle, entre 1850 et 1950, la ville a concentré les acquis, les contradictions et les fragilités du capitalisme. Le modèle urbain s'est enrichi d'une strate supplémentaire : sur celle des Lumières s'est agrégée celle du productivisme. C'est de ce modèle dont nous avons finalement hérité et que nous cherchons aujourd'hui à transformer.

CHAPITRE 2

Au cœur des contradictions du monde

Tout au long de ma vie professionnelle, j'ai beaucoup voyagé. J'ai aussi résidé plusieurs années aux États-Unis et en Angleterre. J'ai vu un certain nombre de grandes villes changer de visage en à peine une décennie. Ainsi, depuis vingt ans, je me rends deux fois par an à Shanghai. À chaque visite, je découvre une ville différente, métamorphosée. De nouvelles tours apparaissent là où, auparavant, il n'y avait rien, comme à Pudong. Ce vaste espace, qui s'étend entre le fleuve Huangpu et l'océan, face au centre historique de Shanghai et de son fameux Bund, n'était qu'une terre marécageuse où vivaient des paysans qui ravitaillaient les habitants de Shanghai. À la fin des années 1980, cette zone n'était encore constituée que de cabanes de riziculteurs, de chantiers navals à l'abandon, de hangars en ruine. Ce n'est qu'au début des années 1990 que le gouvernement chinois a décidé d'en faire une zone de développement économique, un projet mené à une vitesse sidérante, au point que Pudong est aujourd'hui le principal quartier des affaires de Shanghai et peut-être même de la Chine tout entière. Il abrite quelques symboles de son triomphe économique, comme la tour Perle de l'Orient, la tour Jin Mao, le Shanghai World Financial Center, le Shanghai Disney Resort et le principal aéroport de la métropole. Entre 1990 et 2020, la population de l'agglomération de Shanghai est passée de 13 à 27 millions d'habitants, la surface urbanisée de 250 à 6 300 kilomètres carrés depuis 1979. Une extension urbaine considérable, réalisée en une vingtaine d'années alors qu'il a fallu des siècles pour que se développent les villes européennes et américaines. Et Shanghai n'est pas la seule cité à avoir connu une telle explosion. J'en ai observé d'autres, au fil de mes déplacements. Entre 1981 et aujourd'hui, la population de New Delhi est passée de 8 à plus de 20 millions d'habitants. Celle de Djakarta a crû dans des proportions équivalentes.

Un modèle urbain à bout de souffle

Il existe aujourd'hui dans le monde une vingtaine de villes qui comptent plus de 10 millions d'habitants (c'est-à-dire cinq fois plus que Paris). Elles seront une quarantaine dans dix ans. Selon les estimations du World Urbanization Prospects de l'ONU, treize mégalopoles compteront plus de 20 millions d'habitants dans une décennie : Delhi (39 millions), Tokyo (36 millions), Shanghai (33 millions), Dacca (28 millions), Le Caire (25 millions), Bombay (24 millions), Pékin (24 millions), Mexico (24 millions), São Paulo (23 millions), Kinshasa (22 millions), Lagos (20 millions), Karachi (20 millions), New York (20 millions). Dix ans, c'est un laps de temps très court à l'échelle de la ville. Il y a fort à parier que ces mégalopoles vont continuer de croître sur leurs fragilités anciennes, notamment pour les villes asiatiques, africaines et d'Amérique latine, dont le développement a souvent été anarchique, sous la pression d'une démographie urbaine galopante. Dans toutes ces villes émergentes, la pauvreté saute aux yeux, sauf aujourd'hui dans les villes chinoises de la côte. Elles sont le symbole d'un modèle urbain qui reflète toutes les contradictions du monde : concentration de l'activité économique et pollution intense, extrême richesse et extrême pauvreté, modernité architecturale et pénurie d'infrastructures publiques, technologies de pointe et pénurie d'eau et d'électricité. Il suffit de se rendre à Mumbai, par exemple, pour que ces contradictions vous sautent aux yeux.

À dire vrai, le modèle urbain de ces dernières décennies ne s'essouffle pas seulement dans les pays émergents. Il est aussi bien fatigué sous nos latitudes, même s'il ne souffre pas exactement des mêmes maux. Les grandes villes européennes d'aujourd'hui sont le produit d'une triple révolution : celle de l'industrialisation d'abord qui a poussé vers les villes des millions d'ouvriers ; celle de l'explosion de l'usage de l'automobile, qui a façonné l'espace urbain encore plus que ne l'a fait le baron Haussmann à Paris ; celle de la consommation enfin qui a fait des villes le symbole de l'émergence des nouvelles classes moyennes pour lesquelles résider dans la ville était une affaire de statut, de confort, de plaisir.

Je suis frappé de constater à quel point les villes européennes et américaines sont les reflets des grandes phases économiques qui ont marqué le xxe siècle. Comme je le soulignais dans les rappels historiques du début de ce livre, jusqu'à la Première Guerre mondiale, la ville a été industrielle et ouvrière. L'imagerie de l'époque nous montre, au cœur des cités ou presque, des usines hérissées de hautes cheminées fumantes, des théories d'ouvriers sortant des ateliers, des immeubles d'habitation noircis par la suie et la pollution, des quartiers prolétaires délabrés et insalubres. Les grandes entreprises installent leurs unités de production dans la ville ou sa proximité, comme Citroën à Paris, Renault à Boulogne-Billancourt, Poutilov à Saint-Pétersbourg, Mellon à Pittsburgh, surnommée la « Ville de l'Acier ». Je me souviens d'un déjeuner dans cette ville, devenue ces dernières années la cité de la *cleantech*, au cours duquel un grand client à qui j'étais venu rendre visite me racontait qu'au début du siècle dernier, dans ce restaurant où nous étions, les clients changeaient systématiquement de chemise avant de venir déjeuner et le faisaient plusieurs fois par jour tellement la pollution venant des aciéries était prégnante.

Après la Seconde Guerre mondiale, une nouvelle étape de l'urbanisation s'est enclenchée. La croissance économique au cours des Trente Glorieuses a conduit de nouvelles classes de population vers les villes, à mesure que se développaient les activités de services. Entre 1962 et 2007, le poids de l'agriculture dans l'emploi total en France est passé de 20 à 3 %, celui de l'industrie de 30 à 15 %, celui des services n'a cessé d'augmenter jusqu'à près de 70 % de l'emploi total. Les villes sortent de leurs murs. Paris en est d'ailleurs le parfait exemple : entre 1860 et 1900, le nombre de Parisiens passe de 1 à 2,6 millions, puis à 2,8 millions en 1930, avant de régresser après la Seconde Guerre mondiale pour se stabiliser à environ 2,2 millions d'habitants. Mais la population de l'agglomération a triplé entre 1900 et 2000, de 4 à 12 millions d'habitants, dont 2 millions gagnés entre 1945 et la fin des années 1960, sous l'effet du baby-boom, de la poursuite de l'exode rural, de l'immigration (en 1968, la France compte 2,6 millions d'étrangers sur son sol, dont 68 % sont des ouvriers et représentent 15 % de l'emploi industriel du pays) et de l'arrivée en métropole des rapatriés d'Algérie (1 million de personnes entre 1962 et 1965). C'est à cette époque que naissent les concepts d'urbanisme, pour faire face à cet afflux de population, et dont les villes d'aujourd'hui gardent encore la trace. En France, les années d'après-guerre sont celles de la crise du logement, dénoncée par l'abbé Pierre à l'hiver 1954.

L'État se lance alors dans la construction massive de logements sociaux collectifs, dans un cadre juridique créé en 1959, les zones à urbaniser en priorité (ZUP). Entre 1962 et 1975, plus de 1,2 million de logements seront construits, surtout en périphérie des centres anciens, dont plus de 40 % dans la région parisienne. Naissent aussi de grands plans d'aménagement sous l'impulsion du général de Gaulle, comme le Schéma directeur d'aménagement et d'urbanisme de la région parisienne (SDAURP), en 1960, qui propose notamment la construction de villes nouvelles. Dans un document de 1965 qui décrit ses projets, le SDAURP expose de cette façon les caractéristiques de ces villes nouvelles, dont on peut mesurer à quel point elles sont éloignées des réflexions actuelles sur la ville : « Se situant au sein d'une vaste agglomération, et étant reliée à cette dernière par de puissants réseaux de transports, elles n'ont pas un besoin aussi impérieux qu'une ville isolée de semblable importance d'assurer la totalité des fonctions urbaines [...]. De même, ces villes n'auront pas à procurer des emplois à tous leurs habitants et rien qu'à eux ; certains iront travailler autre part dans l'agglomération tandis que viendront y travailler d'autres personnes habitant ailleurs [...]. Le cœur de

Paris restera le centre de toute l'agglomération, de toute la région urbaine et certaines des fonctions que ce cœur exerce resteront uniques [...]. C'est pour toutes ces raisons que les villes nouvelles de la région urbaine de Paris ne seront pas complètement autonomes[1]. » C'est ainsi que naîtront Cergy-Pontoise, Évry, Sénart, Marne-la-Vallée, Saint-Quentin-en-Yvelines après des travaux pharaoniques. Ces villes feront aussi l'objet d'expérimentations, de gestes architecturaux audacieux, de construction d'infrastructures ferroviaires (avec notamment la création du RER) et autoroutières (entre 1960 et 1971, le réseau passera de 160 à 1 600 kilomètres). Si l'on ajoute à cela le développement, à partir du début des années 1970, de la construction pavillonnaire (de 1978 à 1987, les pavillons ont représenté près des deux tiers des logements construits en France) se dessine le modèle urbain dominant de ces dernières décennies. Au centre, le pouvoir politique, économique et administratif. Dans un rayon de 30 kilomètres, des villes-satellites pour loger les armées de salariés, de cadres et de fonctionnaires qui font chaque jour le trajet vers la ville-centre, en voiture ou en transport en commun. Ce modèle est né à une époque où l'on ne se préoccupait guère d'environnement, ou l'artificialisation des terres agricoles n'était pas un sujet, où l'automobile était considérée comme le moyen de transport le

1. *De Paris à son agglomération : petite histoire de l'urbanisation. XIXe-XXe siècle*, université Paris-I/PIREN Seine, 2017.

plus commode. Cette conception de la ville était en grande partie le fruit du travail de hauts fonctionnaires et d'urbanistes dont le souci premier n'était pas le confort de vie de leurs compatriotes.

Ce modèle est toujours le nôtre et produit les désagréments que l'on connaît. Dans un rapport de 2015, la Direction des études statistiques du ministère du Travail (Dares) évaluait à soixante-huit minutes aller-retour le temps de trajet moyen des Franciliens entre leur résidence et leur lieu de travail. Un sondage réalisé par l'Ifop pour le groupe Alphabet en 2019 montrait que pour près de quatre Franciliens sur dix, ce temps de trajet est encore de soixante minutes aller-retour et que la voiture reste le moyen de transport privilégié. Ce qui n'empêche pas que, chaque jour, 2,7 millions de personnes empruntent le RER, dont 1 million pour la seule ligne A. Et la situation est semblable dans les autres grandes métropoles occidentales : plus de 1 million de banlieusards arrivent chaque jour au centre de Londres pour travailler, 1,6 million de résidents de l'agglomération de New York convergent chaque matin vers Manhattan, dont 31 % consacrent à ce *commuting* plus de deux heures par jour. Tokyo compte 15 millions de *commuters* quotidiens, dont 6,9 millions vers les quartiers du centre.

2 % de la surface de la Terre, 70 % des émissions de gaz à effet de serre

Chacun sent bien que ce mode d'organisation de la ville n'est plus adapté aux exigences qui sont les nôtres aujourd'hui, qu'il s'agisse d'environnement, de mobilité ou de lien social. Le premier problème est bien sûr celui de la pollution. Les villes occupent 2 % de la surface de la Terre, mais émettent près de 70 % des gaz à effet de serre de la planète. Selon l'Organisation mondiale de la santé, 92 % des Terriens respirent un air pollué, provoquant le décès de 7 millions de personnes chaque année, dont 90 % dans les pays à faibles revenus. Alors que l'OMS recommande une valeur maximale de microparticules dans l'atmosphère de 20 microgrammes par mètre cube en moyenne, les habitants de New Delhi en respirent 292, ceux de Bombay 104, ceux de Djakarta 82. Lors de l'un de mes séjours à Pékin, je me souviens que, par beau temps, mon avion a atterri dans un épais brouillard, à tel point que l'on voyait à peine l'avion installé à la passerelle suivante. Au sortir de l'avion, on était pris à la gorge avant de réaliser que ce brouillard n'était en fait que de la pollution. Les Pékinois consultent sur leurs smartphones plusieurs fois par jour une application qui leur donne l'indice de pollution, et même les jours où elle est la plus basse, elle est très au-dessus des seuils existant sur les applications du même type en Europe. À Mexico, il y a en permanence un nuage au-dessus de la ville, comme c'était le cas à Los Angeles quand j'ai commencé ma carrière, mais il a aujourd'hui disparu, ce qui montre que ce n'est donc pas irrémédiable. On voit certains jours le ciel bleu à Shanghai, ce qui n'était pas le cas voici dix ans. Le smog a quasiment disparu de la ville de Londres. Mais même si des progrès sont manifestes depuis quelques années, ils ne sont pas suffisants. La pression de l'opinion publique (même en Chine, les citadins protestent contre la pollution et l'inefficacité des dirigeants politiques en la matière) contraindra les élus et gestionnaires de collectivités à traiter le problème, notamment en tentant de diminuer la circulation automobile par des mesures de plus en plus radicales, comme à Oslo, Paris, Madrid, Londres ou Barcelone. En outre, il est fort probable que les conséquences de la pollution sur la santé vont pénétrer de plus en plus le champ judiciaire. Pour la première fois en Grande-Bretagne, en décembre 2020, la mort d'une fillette de 9 ans, des suites d'une crise d'asthme en 2013, a été officiellement attribuée à la pollution de l'air, une décision qui risque de susciter d'autres actions en justice de victimes des particules fines.

Et la pollution de l'air n'est pas le seul problème que rencontrent les grands centres urbains aujourd'hui. Dans la seule ville de Paris, 3 000 tonnes de déchets sont collectées chaque jour. L'empreinte carbone de la capitale est de l'ordre de 22,7 millions de tonnes d'équivalent CO_2 et ses émissions directes atteignent 5,5 millions de tonnes (bilan 2018). Les villes sont aussi soumises à l'augmentation des températures. Selon les chercheurs du Urban Climate Change Research Network de l'Université Columbia aux États-Unis, une douzaine de villes enregistrent déjà une hausse des températures de plus de 2 °C par rapport à l'ère préindustrielle dont Berlin, Venise, Toronto, Varsovie, Helsinki, Moscou. Les épisodes caniculaires vont probablement se multiplier, notamment dans les villes denses, sujettes au phénomène d'« îlot de chaleur urbain » qui provoque de fortes augmentations de températures dans certaines zones. En combattre les effets supposerait de multiplier les espaces végétalisés ou de concevoir des bâtiments mieux isolés, j'y reviendrai.

En quelques années, certaines grandes cités ont démontré leur fragilité face au risque climatique. Il n'est besoin que de rappeler les ouragans et tempêtes qui ont touché de grandes métropoles comme La Nouvelle-Orléans, Miami, New York, Tokyo ou les incendies qui détruisent régulièrement des quartiers entiers des grandes conurbations californiennes, faisant plus d'une centaine de victimes depuis 2018. Je suis particulièrement frappé par le nombre d'études qui pointent les risques majeurs, pour un certain nombre de grandes métropoles mondiales, d'une autre conséquence des dérèglements climatiques : la montée des eaux. Pas moins de 570 villes importantes du monde sont concernées. D'ici 2024, 1,5 million de fonctionnaires d'État de Djakarta déménageront vers une nouvelle capitale bâtie sur l'île de Bornéo, car les quartiers proches du rivage de la capitale indonésienne s'enfoncent de 25 centimètres par an. Près de 40 % de la ville se trouve déjà sous le niveau de la mer[1]. Aujourd'hui, c'est environ 20 % de la population mondiale qui vit à moins de 30 kilomètres des côtes. Or la hausse du niveau de la mer s'accélère, comme l'a souligné l'étude du GIEC de septembre 2019. Même dans un scénario optimiste, avec une augmentation des températures du globe limitée à 2 °C, la hausse des océans atteindrait 40 centimètres à l'horizon 2100. Mais si la hausse des températures se poursuit sur sa trajectoire actuelle, avec une possibilité de hausse de 3 ou 4 °C, les océans pourraient monter de 80 centimètres. Même dans l'hypothèse la plus optimiste, plus de 280 millions de personnes seraient concernées[2].

Cette fragilité pose naturellement la question des migrations climatiques. Un rapport de la Banque mondiale, publié en 2018, a fait l'effet d'une bombe : il anticipe que, d'ici trente ans, plus de 140 millions de personnes vont migrer sous l'effet des dérèglements climatiques, et parmi eux une forte proportion d'urbains côtiers et d'habitants d'îles et

---

1. P. Molga, « Les villes littorales face au syndrome de l'Atlantide », *Les Échos*, 20 janvier 2020.
2. *Special Report on the Ocean and Cryosphere in a Changing Climate*, GIEC, septembre 2019.

d'archipels directement menacés par la montée des eaux. Il serait d'ailleurs illusoire de croire que ces migrations se concentreraient en Asie ou en Afrique. Un passionnant travail mené par le *New York Times*[1] conclut au fait que, d'ici trois ou quatre décennies, 120 millions d'Américains seront confrontés à une détérioration sensible de la qualité de leur environnement (davantage de chaleur, moins d'eau) dont 4 millions vivront aux marges d'espaces « vivables », et en particulier dans les métropoles côtières de Floride, du Texas ou de la côte Est des États-Unis. Une étude de 2018, publiée par *The Journal of the Association of Environmental and Resource Economists* anticipe que, au cours des quarante-cinq prochaines années, un Américain sur douze résidant actuellement dans la moitié sud du pays émigrera vers la Californie, les régions des Rocheuses et du Nord-Ouest, pour des raisons liées au climat. On imagine aisément les effets d'un tel déplacement de population sur la structure urbaine des zones concernées, avec des villes soumises à une explosion démographique qu'elles n'auront pas toujours les moyens de maîtriser, et d'autres peu à peu abandonnées par leurs habitants, en tout cas ceux qui auront les moyens de déménager, et qui se transformeront en refuges délabrés pour les plus pauvres. On pourrait toujours objecter qu'il ne s'agit là que d'hypothèses et qu'il est donc urgent d'attendre

1. A. Lustgarten, « How climate migration will reshape America », *The New York Times Magazine*, septembre 2020.

qu'elles se confirment. Mais, en matière climatique, comme j'ai déjà eu l'occasion de l'exprimer dans un ouvrage précédent[1], l'expérience nous enseigne que les hypothèses les moins optimistes ont une fâcheuse tendance à se confirmer.

Le deuxième sujet clé est celui de la mobilité, ou plutôt de l'immobilité. Notre modèle urbain a été conçu pour favoriser l'usage de l'automobile. Mais en dépit des énormes investissements qui ont été consacrés au cours des dernières décennies aux infrastructures routières urbaines, l'augmentation du parc a été telle qu'elles n'y suffisent plus. En temps « normal », il y a entre 250 et 425 kilomètres de bouchon chaque matin dans l'agglomération parisienne, mais ce chiffre peut atteindre des records en cas d'intempéries (750 kilomètres en février 2018 après 5 centimètres de neige) ou d'événements imprévus (720 kilomètres le 20 octobre 2020 à 18 h 30, juste avant le deuxième confinement en raison de la Covid-19). Or le transport est, en France, le plus gros émetteur de gaz à effet de serre (environ 135 millions de tonnes d'équivalent CO_2), dont 96 % proviennent de la consommation de carburant. Les émissions liées à la circulation routière sont le fait à 56 % des voitures particulières, et à 44 % des véhicules utilitaires. Réduire l'empreinte carbone de la ville, c'est donc renoncer, en partie, au modèle urbain tel qu'il existe aujourd'hui,

1. Pierre-André de Chalendar, *Notre combat pour le climat*, Le Passeur Éditeur, 2015.

et en particulier rapprocher physiquement le lieu de travail et le domicile. Nous en sommes encore loin. Dans la région parisienne, le déséquilibre Est-Ouest en matière de bureaux s'est même accentué au cours de ces dernières années, selon une étude du quotidien *Les Échos*[1]. Au cours des vingt dernières années, 70 % des surfaces de bureaux se sont concentrées à Paris et dans les Hauts-de-Seine, et 74 % depuis 2010. Cette concentration des activités économiques et notamment tertiaires dans les centres-villes ou les zones dites « résidentielles » n'est probablement pas appelée à évoluer de sitôt (sauf développement exponentiel du télétravail, auquel je ne crois pas). Les sièges des grandes banques américaines ne quitteront pas Manhattan pour le Bronx, pas plus qu'une majorité des entreprises concentrées à La Défense ne s'éparpilleront dans l'ensemble de l'agglomération parisienne. Cette structuration du territoire urbain héritée des années 1970-1980 est là pour rester, ce qui pose avec d'autant plus d'acuité la question des mobilités.

Enfin, l'évolution de la ville ces dernières décennies a engendré de multiples fractures. Les premières sont territoriales et séparent les centres des périphéries, les lieux d'habitation des lieux de travail et de loisirs. De territoriales, ces fractures sont devenues sociales. Le centre et les facilités qu'il offre se paient de plus en plus cher. Les classes moyennes

1. E. Dicharry, « Bureaux : le déséquilibre Est-Ouest s'est accentué en Île-de-France », *Les Échos Entreprises et Collectivités*,16 décembre 2020.

sont progressivement repoussées vers les périphéries. L'espace urbain s'est déchiré en de multiples sous-ensembles – quartiers dortoirs, quartiers loisirs, quartiers résidentiels –, ce qui rend de plus en plus difficile la mise en commun d'un véritable projet urbain, qui intégrerait l'ensemble des habitants.

Et comme si tout cela ne suffisait pas, la pandémie de la Covid-19 a brutalement révélé une autre fragilité de la ville : sa faible résistance à la contagion.

CHAPITRE 3

Quitter la ville ?

Que de fois ai-je eu cette conversation avec des proches de toutes générations, au cours de cette année 2020. Je la résume en ces termes : « La vie est devenue impossible à Paris, les embouteillages, la pollution, la difficulté d'y élever des enfants, le manque d'espaces verts, les prix des logements, le confinement, le couvre-feu, les rapports humains qui se tendent, les entraves à la circulation... Il est temps de partir définitivement à la campagne ! » À dire vrai, ce genre de discussion a dû avoir lieu dans un grand nombre de familles, surtout à la sortie du premier confinement. Ceux qui ont eu la chance de le subir loin de la ville ont découvert un autre mode de vie, un nouveau rapport au temps et à la famille. Ceux qui sont restés confinés chez eux, dans leur appartement, ont mesuré toutes les contraintes de la vie urbaine et commencé à réfléchir à l'« expatriation » vers des lieux plus calmes, plus sereins et offrant davantage d'espaces de vie pour un moindre coût que dans les grandes métropoles. Bref, l'épidémie de la Covid-19 a été l'occasion d'une vaste remise en cause de la vie en ville.

Épidémies et pandémies, la faute à la ville ?

La pandémie de la Covid a son lot d'accusés, où les villes figurent en bonne place. Ce n'est pourtant pas la première fois que les villes sont frappées par la maladie. Leur histoire est jalonnée de grandes catastrophes sanitaires – peste bubonique, choléra, fièvre typhoïde, grippe espagnole – que nous avions quelque peu effacées de nos mémoires. On retrouve la trace d'épidémies foudroyantes dès l'Antiquité. L'historienne Françoise Hildesheilmer le raconte fort bien dans un entretien donné au journal *Le Monde*[1]. La fièvre typhoïde a dévasté la Grèce vers 430 avant notre ère et fait 70 000 morts sur une population estimée à 200 000 personnes. La peste antonine a fait disparaître un tiers de la population de Rome entre 165 et 190. Au VIe siècle, la peste justinienne tue entre 20 et 25 millions d'individus sur tout le pourtour de la Méditerranée. En Europe, les épidémies de pestes noires sont récurrentes jusqu'au XVIIIe siècle et

1. « On ne peut plus définir l'épidémie comme personnage archaïque de l'histoire d'hier », *Le Monde*, 15 mai 2020.

reviennent presque tous les quinze ans. Le cas de la ville de Marseille est particulièrement intéressant car il évoque un scénario que nous avons expérimenté avec la Covid-19. La peste y apparaît le 20 juin 1720, mais elle n'est officiellement déclarée que plus d'un mois plus tard, à la fin de juillet dans le souci des autorités de ne pas perturber les activités économiques. L'ordre de confinement ne viendra finalement qu'en septembre, par une décision du Conseil du roi, qui impose le blocus du port. Après cinq mois de confinement strict et trente mois d'isolement réglementaire, la maladie emportera tout de même la moitié de la population de la ville qui comptait alors environ 100 000 habitants.

Il ne faut pas oublier non plus la pandémie de choléra qui frappe l'Europe au début du XIXe siècle. Née en Inde en 1826, elle atteint Moscou en 1830, Berlin un an plus tard et Londres et Paris en 1832. Frappant particulièrement les quartiers les plus denses de Paris (le Marais, les Halles), cette épidémie fera près de 100 000 victimes dans la région parisienne entre mars et septembre. Et cet épisode frappera tellement les esprits qu'il va enclencher le déploiement d'un véritable système d'assainissement (en 1832, il n'y a qu'une dizaine de kilomètres de réseau d'égouts à Paris) qui couvrira presque toute la ville entre 1850 et 1880, jusqu'à l'instauration du tout-à-l'égout obligatoire en 1894. Quant à la grippe espagnole (tout d'abord appelée la « pneumonie des Annamites » car repérée à l'origine sur des travailleurs et soldats d'origine indochinoise présents en France), elle frappera la capitale en trois vagues, entre octobre 1918 et janvier 1919. Comme dans le cas de la Covid-19, la progression de la maladie est d'autant plus rapide que l'on tarde à l'identifier. Les premiers cas sont documentés dès le mois de mai 1918, mais le risque est d'abord présenté comme « bénin » à l'opinion publique (« Cette maladie n'a rien de nouveau ni de mystérieux », écrivent notamment les grands journaux de l'époque, et une bonne partie du personnel médical était mobilisé sur le front jusqu'en novembre 1918), avant que la courbe des décès ne commence à progresser de façon exponentielle à partir du mois de novembre, provoquant d'ailleurs une grave crise hospitalière, avec un manque criant de lits et de personnel… L'activité économique est bouleversée, les pharmacies sont prises d'assaut, le bétail n'est plus sorti dans les champs, mais curieusement, dans les grandes villes, les salles de spectacle et les restaurants restent ouverts et les voyages entre régions ne sont soumis à aucune restriction. Au total, la grippe espagnole fera plus de 400 000 victimes civiles et militaires en France, dont une partie importante dans les villes, pour des raisons évidentes, la première étant que la promiscuité est un facteur aggravant de la contagion. La grippe espagnole n'a pas entraîné de fuite massive des urbains vers les campagnes, car la tendance de cette époque était plutôt inverse, comme je l'ai évoqué plus haut. Mais, tout de même, en regardant les chiffres de près, on s'aperçoit que la population de Paris intra-muros cesse d'augmenter à partir de 1921 où elle connaît un pic à 2,9 millions d'habitants. Elle ne retrouvera jamais ce chiffre : Paris compte aujourd'hui près de 800 000 habitants de moins qu'au lendemain de la Première Guerre mondiale.

On ne peut évidemment pas comparer la pandémie de la Covid-19 à celles qui l'ont précédée, s'agissant notamment, et fort heureusement, du nombre de victimes. Si elle frappe tant les esprits c'est que notre rapport à la mort a évolué au cours des siècles (et également le fait qu'on n'accepte plus de « ne pas savoir » face à quelque chose de nouveau, ce qui a pour conséquence de décrédibiliser la parole de l'expert qui n'a plus le droit de dire « je ne sais pas encore/je cherche »). Dans la société à risque zéro qui s'est progressivement instaurée depuis quelques décennies, affronter une pandémie mortelle est de l'ordre de l'inacceptable. Elle entraîne donc toute une série de questionnements sur les choix politiques, économiques, sociaux et singulièrement sur nos modes de vie. Certes, les interrogations sur notre modèle urbain ne datent pas de la Covid-19, mais cette dernière en a encore renforcé l'acuité et a puissamment relancé le débat. Par définition, les maladies se diffusent plus vite au sein des grandes concentrations de population. La Covid-19 n'a pas fait exception à la règle, qui s'appliquera encore si de nouvelles pandémies advenaient, ce dont un certain nombre de scientifiques se déclarent convaincus. Faut-il donc quitter la ville pour demeurer en bonne santé ?

Le premier confinement a joué un rôle de révélateur. On se souvient du nombre de Franciliens qui ont fui la capitale et sa région : 1,2 million, selon les données d'Orange, entre le 13 et le 30 mars 2020, dont 11 à 12 % de Parisiens si l'on en croit les calculs de l'Insee. Ces derniers n'ont d'ailleurs pas tous abandonné l'Île-de-France puisqu'ils ont rejoint en partie les départements franciliens de la grande couronne. Naturellement, la majorité de ces « confinés » est revenue dans les villes. Et il faudra un peu de temps pour qu'un éventuel transfert définitif de population des grandes villes vers les campagnes, déclenché par la Covid-19, se traduise dans les chiffres. Quitter la ville est une décision importante pour une famille, elle pose de nombreuses questions liées notamment à la scolarité des enfants et à l'emploi des parents. Le changement de vie est un chemin parfois complexe.

En France, il se trouve qu'en octobre 2020 l'Insee a publié une étude approfondie sur ce que les experts appellent l'« aire d'attraction d'une ville[1] ». Il s'agit en fait de mesurer l'influence d'une ville sur les communes

1. « En France, neuf personnes sur dix vivent dans l'aire d'attraction d'une ville », Insee, 21 octobre 2020.

environnantes. L'Insee en a dénombré 699. Sans abuser de détails techniques, il est utile de savoir qu'une « aire » est composée d'un « pôle » et d'une « couronne » dont au moins 15 % des actifs travaillent dans le pôle. La commune la plus peuplée est appelée « commune centre » et, dans certains cas, comme Paris, l'aire peut comprendre plusieurs pôles. Premier constat des chercheurs de l'Insee : 93 % des Français vivent dans l'une des 699 aires d'attraction identifiées. Avec 13 millions d'habitants, l'aire de Paris concentre à elle seule près d'un habitant sur cinq. Treize aires abritent plus de 700 000 habitants, les plus nombreuses (512) en comprennent moins de 50 000. Seuls 7 % des Français résident dans des communes qui sont hors d'une aire d'attraction d'une ville, ce qui en dit long sur l'ampleur de la concentration urbaine dans notre pays. Près de 51 % des habitants résident d'ailleurs dans les pôles. Or qu'observe-t-on en termes d'évolutions démographiques ? Entre 2007 et 2017, la population croît plus vite dans les aires de plus de 700 000 habitants, en raison de la jeunesse de leurs habitants (20 % d'entre eux ont entre 15 et 29 ans contre 16 % sur le reste du territoire). Contrairement à ce que l'on peut entendre ici ou là, la ville continue donc d'attirer les plus jeunes. Les aires de Bordeaux, Montpellier ou Toulouse enregistrent des soldes migratoires fortement positifs. Une exception de taille à la règle, l'aire de Paris : entre 2012 et 2017, elle a perdu en moyenne 0,4 % de ses habitants chaque année. Dans la commune de Paris, cette baisse est même proche de 0,5 % par an. Et, au cours de cette même période, les aires de moins de 50 000 habitants et les communes non reliées à une aire d'attraction d'une ville ont perdu des habitants. Il est à noter également, et ce n'est pas sans intérêt, qu'au sein des aires métropolitaines les communes centres ont elles aussi perdu des habitants au profit des communes de la couronne.

Que nous révèlent ces chiffres : qu'avant la crise sanitaire de 2020, les zones les plus populaires du territoire français étaient les grandes métropoles, à l'exception notable de la première d'entre elle, Paris ; que les centres des grandes villes étaient relativement délaissés au profit de leur périphérie ; que les petites villes ne suscitaient guère l'envie, et pas davantage les communes rurales. La pandémie de la Covid-19 peut-elle bouleverser ce tableau ? Que n'a-t-on lu en effet sur de possibles migrations des métropoles vers la ruralité ou les petites villes à cause de cette crise sanitaire ? Il est bien sûr trop tôt pour répondre à cette question, car les phénomènes démographiques sont lents par nature. Il est clair néanmoins que la Covid-19 a suscité bien des débats, autres que ceux portant sur la migration hors des grandes villes. L'idée générale est qu'à l'instar des épidémies précédentes, celle que nous vivons va probablement provoquer des changements dans l'organisation urbaine. De l'imposante revue de presse et d'études que j'ai compulsées pour préparer ce livre, en France et à l'étranger, j'ai identifié les problématiques le plus souvent abordées.

Covid-19 : un accélérateur et un révélateur

La première est celle des inégalités face au logement. Là encore, les chiffres parlent d'eux-mêmes. Selon une autre étude de l'Insee[1], plus de 5 millions de personnes en France vivent dans un logement suroccupé (un logement est considéré comme suroccupé lorsqu'il lui manque au moins une pièce par rapport à la norme d'occupation normale). Cela représente tout de même 8,2 % de la population française. Et 74 % des ménages dans cette situation vivent dans une agglomération de plus de 100 000 habitants, dont 40 % dans la région parisienne. Plus d'un Francilien sur dix est concerné par la suroccupation de son logement, et la situation est encore plus marquée dans les quartiers prioritaires de la politique de la ville (QPV), dans lesquels la suroccupation concerne entre 18 et 35 % des habitants. La promiscuité et l'inconfort ont rendu le confinement très difficile pour ces populations, dans un pays où les deux tiers de la population vivent dans une maison. Il faut ajouter à cela

1. « Condition de vie des ménages en période de confinement », Insee, 25 avril 2020.

que 2,4 millions de personnes âgées de 75 ans ou plus vivent seules, dont plus de 40 % dans une grande agglomération. Le confinement a révélé la situation de ces seniors, condamnés à un isolement social difficilement supportable. La pandémie a donc mis en lumière cette grande inégalité face au logement, qui contribue à faire des villes des lieux inhospitaliers pour beaucoup de nos compatriotes. Cette situation ne peut être traitée que par un vigoureux effort de rénovation et de construction de logements, comme le souligne d'ailleurs un rapport d'information du Sénat[1], qui appelle notamment à construire plus et mieux et surtout à « simplifier la chaîne du logement », des thèmes sur lesquels je reviendrai.

Un autre grand thème de débat est celui de la disparition de la nature dans la ville et dans ses abords. Les nombreuses études qui ont été menées sur ce sujet aboutissent à la même conclusion : en France, l'artificialisation des sols a fortement progressé ces dix dernières années et représente aujourd'hui plus de 9 % du territoire selon plusieurs études. Si l'on continue à ce rythme, cette proportion pourrait atteindre 18 % à la fin du siècle. La France a perdu un quart de sa surface agricole au cours de ces cinquante dernières années, et l'on estime que, tous les sept à dix ans, c'est l'équivalent de la superficie d'un département français qui est bétonné.

1. *Tirer les leçons de la crise, construire pour demain*, rapport d'information au nom de la Commission des affaires économiques, 17 juin 2020.

Ce phénomène est naturellement lié à nos modes de vie : l'aspiration des Français à la maison individuelle est un facteur de destruction de terres agricoles dans les périphéries des grandes agglomérations. Mais elle est aussi le produit du désir des collectivités de se doter d'outils de nature à favoriser leur développement économique, notamment par la création de zones d'activité et de zones commerciales, créant ainsi une offre surabondante et pas toujours nécessaire. Or le lien à la nature est un vecteur de confort et de santé essentiel pour les citadins. L'absence ou l'éloignement des espaces naturels sont probablement l'un des facteurs de désamour les plus importants à l'égard de la ville, comme l'a d'ailleurs révélé le confinement du printemps 2020.

D'autres experts ont mis en avant les problèmes sanitaires (stress, fatigue, absence d'exercice physique) que posent les longs déplacements entre le domicile et le lieu de travail dans les grandes villes. J'ai déjà abordé ce sujet, mais la pandémie a accéléré la prise de conscience que ces migrations intra-urbaines sont le fruit d'une mauvaise planification de la ville ou en tout cas de modèles urbains dépassés. Cela pose le problème de la relation entre la ville centre et la périphérie, de l'organisation des activités entre ces deux pôles, de la mixité sociale, mais aussi de la façon dont sont aujourd'hui séparées, dans beaucoup de villes, les zones résidentielles et les zones d'activité économique et commerciale.

Un besoin criant de repenser la ville

En fait, c'est toute la politique de la ville qui est aujourd'hui interrogée, et pas seulement en France. Aux États-Unis, où la pandémie a frappé de façon particulièrement sévère et où les modèles urbains sont assez différents des nôtres, sauf pour ce qui est de quelques grandes villes comme New York, Boston ou San Francisco, la remise en cause est profonde et une partie des réflexions en cours nous concerne tout aussi bien. La grande question est celle de l'avenir des centres-villes dans les cités où un tel concept existe. Dans une longue étude menée pour Bloomberg City Lab, Richard Florida, professeur d'urbanisme à l'Université de Toronto, décrit les effets de la Covid-19 sur les modèles urbains[1]. Il entrevoit notamment un « grand remplacement » au sein des populations urbaines : les familles avec de jeunes enfants vont déserter les centres pour s'installer dans les périphéries et même dans des zones rurales, tandis que ces mêmes centres seront investis par de jeunes professionnels à revenus élevés. Pour Richard Florida, la pandémie a consacré la maison individuelle et son jardin privatif comme modèle dominant des familles dans les très grandes agglomérations,

1. R. Florida, « The forces that will reshape American cities », Bloomberg, 2 juillet 2020.

comme New York par exemple. Peu importe que l'offre culturelle ou de loisirs (théâtres, cinémas, restaurants, bars) soit moindre, d'autant que, s'agissant de la culture, on peut y pallier par les plates-formes de streaming en tout genre qui ont fleuri ces dernières années. La motivation de ceux qui veulent quitter les centres est celle de la sécurité sanitaire et de la connexion à la nature qui l'emportera désormais sur les plaisirs et les lumières de la ville. À New York, que je connais bien, la crise de la Covid-19 a fortement changé le climat de cette ville, dont le potentiel de séduction était pourtant considérable. Les États-Unis sont également des pionniers en matière de télétravail. Seront-ils des précurseurs pour nous, Européens ? Il est encore tôt pour le dire. Mais ce recours de plus en plus important au travail à domicile, parfois à l'échelle d'entreprises entières, comme dans les technologies ou la finance, aura un impact sur l'activité des villes centres et notamment à Manhattan. Une étude du National Bureau of Economic Research[1] parvient à la conclusion que 37 % des emplois aux États-Unis pourraient être assurés à domicile, ce qui donne une idée de la potentielle révolution à venir et de ses conséquences sur les modèles urbains.

Peut-on voir se développer des phénomènes analogues en Europe, s'agissant de la désaffection massive à l'égard des

1. J. I. Dingel, B. Neiman, « How many jobs can be done at home », *NBER Working Papers*, avril 2020, n° 26948.

métropoles centres de la part des familles et de la « jeunification » des villes centres ? C'est fort possible, nous avons vu que les chiffres concernant la France confirment en partie une migration vers les périphéries. Certes les villes américaines souffrent de maux particuliers, notamment en matière de ségrégation raciale dans un certain nombre de quartiers, de conditions particulièrement difficiles pour les jeunes enfants en matière d'accès à l'école, de transports en commun parfois assez dégradés, et de taux de criminalité élevés. Mais il est probable qu'en Europe aussi la recherche d'espace et de confort va provoquer des bouleversements sociologiques dans les centres urbains.

Malgré tout, la ville et sa périphérie demeureront, j'en suis convaincu, les centres d'attractivités majeurs. La question qui se pose n'est donc pas tant celle d'une sorte d'exode rural à rebours que celle de la réorganisation des espaces urbains. Elle est souhaitable pour toutes les raisons que j'ai évoquées plus haut. C'est un travail de grande ampleur. Il implique de repenser la géographie des villes : doivent-elles continuer à s'étendre ou faut-il les « densifier » ? Il suppose une intense réflexion sur la mixité entre l'économique et le résidentiel : doivent-ils continuer à être séparés ou faut-il les mêler au sein de mêmes espaces ? Il impose de réfléchir aux moyens de faire revenir la nature dans les villes, une idée séduisante en elle-même, mais dont les modalités d'application concrètes sont loin d'être simples. Enfin, et c'est probablement le plus important, repenser la ville c'est aussi repenser le logement, à la fois dans sa conception technique, comme nouvel objet « climatique », mais aussi dans son accessibilité économique et dans son rôle d'outil de mixité sociale. Les sceptiques diront que cela fait bien longtemps que ces sujets sont sur la table et que jusqu'à maintenant les réponses ont tardé à venir. Ces reproches seraient en partie injustes, car, depuis plusieurs années, je constate sur le terrain que la réflexion avance et que des projets concrets sont sortis de terre. Mais la Covid-19 agit comme un accélérateur, et il est temps aujourd'hui d'engager ce vaste mouvement de la rénovation de nos modèles urbains.

CHAPITRE 4

La fabrique de la ville désirable

Par où commencer ? C'est en effet la question essentielle s'agissant de repenser la ville. Chacun a en tête sa ville rêvée. Il y faudrait de tout : des logements spacieux et abordables pour les familles, des parcs et jardins en nombre, des services collectifs efficaces, des fleurs et des animaux, des lieux de loisirs et de culture, une circulation fluide, des transports en commun gratuits et disponibles à toute heure et à la demande, une vie démocratique intense afin que chacun se sente partie prenante de la gouvernance, des écoles nombreuses et harmonieusement réparties, des activités économiques insérées au sein de la cité, des universités au cœur de la ville, comme au Moyen Âge, des fêtes et des lumières et, s'il y avait un fleuve ou un rivage sur le bord duquel se promener le dimanche, ce serait encore mieux… Malheureusement, en Europe, les villes sont déjà là, avec le poids de leur histoire, des siècles d'urbanisme superposés ou entremêlés, dans un désordre de styles, de configurations, de quartiers, de monuments et de sociologies. On ne peut pas partir d'une page blanche, faire table rase du passé et reconstruire, à partir de zéro, la cité idéale. On pourrait pourtant me rétorquer que dans certains pays, à certaines époques, des cités sont sorties de terre. Et même encore aujourd'hui, la vogue de la ville nouvelle n'est pas éteinte, loin s'en faut.

De Saint-Pétersbourg à Songdo, les villes rêvées...

La plus célèbre des « villes nouvelles » du continent européen est sans doute Saint-Pétersbourg. Chaque fois que je m'y rends, je ne peux qu'admirer l'œuvre de Pierre le Grand qui a bâti de toutes pièces, en une dizaine d'années, l'une des plus belles cités du monde. Il y a englouti une bonne partie du trésor impérial, afin de consacrer l'entrée de la Russie dans l'Europe du XVIIIe siècle, de conférer à son règne une image de modernité et d'ouverture tranchant avec toutes les autres villes russes bâties en bois et qui partaient souvent en fumée. Au Brésil, j'ai visité la capitale Brasilia, elle aussi le fruit d'un projet politique, celui du président Kubitschek, qui voulait une capitale totalement nouvelle pour en finir avec la rivalité entre Rio de Janeiro et São Paulo, et qui a confié à deux disciples de Le Corbusier, Oscar Niemeyer et Lucio Costa, la conception d'une sorte de cité administrative futuriste qui a malheureusement un peu vieilli. Mais cette étrange cathédrale, en forme de couronne royale, ainsi que les bâtiments qui longent la fameuse esplanade des Ministres sont les fruits de gestes architecturaux d'une remarquable audace et d'une rare élégance. Dans la même fonction de capitale, on pourrait également citer la ville nouvelle de Yamoussoukro, en Côte d'Ivoire, choisie par le président Houphouët-Boigny pour symboliser la rupture avec l'ère coloniale ; ou encore Astana, la nouvelle capitale du Kazakhstan (qui s'appelle d'ailleurs aujourd'hui Noursoultan, du prénom de chef de l'État kazakh Noursoultan Nazarbaïev), conçue elle aussi comme une vitrine de la modernité et des ambitions de ce pays clé d'Asie centrale. Mais le pays champion des villes nouvelles est sans conteste la Chine où depuis le début des années 1980, plusieurs centaines d'entre elles sont sorties de terre, dont la plus célèbre est sans doute Shenzhen, qui a drainé 20 millions d'habitants en quarante ans à peine, un projet porté par Deng Xiaoping, le grand réformateur de la Chine communiste. Le président Xi Jinping n'est d'ailleurs pas en reste, qui veut pareillement édifier « sa » ville, à Xiongan, à une centaine de kilomètres au sud-ouest de Pékin, « un projet qui aura une importance pour le millénaire » selon les officiels chinois, qui engloutira 600 milliards d'euros d'investissements dans la construction d'une cité fondée sur les technologies, le respect de l'environnement, l'absence de voitures et des immeubles dont la taille sera limitée à cinq étages… Une véritable révolution dans un pays qui a réalisé quelques-uns des plus hauts gratte-ciel du monde… Les Coréens ont vu encore plus grand avec la création de la ville nouvelle de Songdo, qu'ils décrivent comme « la ville du futur dont tout le monde a rêvé ». Elle répond à toutes les caractéristiques de la « ville intelligente » dans laquelle tout est connecté, où les déchets ménagers sont collectés au niveau de chaque appartement et évacués dans de gigantesques réseaux de tubes souterrains jusqu'à l'usine de traitement. Tous les appareils ménagers sont reliés à des applications, la circulation est gérée par l'informatique, et la sécurité assurée par un millier de caméras de surveillance. La ville est gérée par des entreprises privées, et sa sociologie est celle d'une classe aisée, qui vit en marge de cités plus mélangées mais plus bruyantes et moins « connectées[1] ». Même les Émirats arabes unis ne sont pas en reste avec le projet pharaonique de Masdar, « ville durable » truffée de technologies, en plein désert. L'impression finale de tous ces projets, pour le voyageur européen, reste toutefois mélangée, et leur succès est à confirmer.

1. P. Maillé, « Songdo, la ville du futur face à ses contradictions », *Uzbek et Rica*, 27 septembre 2019.

Naturellement ces projets sont hors de portée de l'Europe et l'on imagine mal Emmanuel Macron ou Angela Merkel se lancer dans de telles aventures qui ne sont ni dans nos moyens ni dans notre culture. L'expérience française des villes nouvelles, assez mitigée, suffirait d'ailleurs à disqualifier d'autres initiatives de ce genre, en tout cas autres que celles portant sur un quartier. Nous devons faire avec nos villes existantes. Non seulement ce n'est pas un frein à leur modernisation et à leur transformation, mais c'est au contraire une occasion supplémentaire de faire preuve d'imagination et de créativité. Comme le synthétise le chercheur et expert urbain Carlos Moreno[1], la ville doit développer sa « singularité positive ». « Le défi est de passer d'une vie anonyme, isolée au sein d'un non-lieu, impersonnelle avec une vision négative de soi et d'autrui à une vie citoyenne intégrée à un environnement et portée par des ressources inspirantes et créatives », écrit-il. Je souscris à cette définition de la ville comme « objet social », mais l'on ne pourra parvenir à cet objectif, celui d'une ville désirable, que si l'on parvient à repenser la ville en tant qu'objet technologique et environnemental.

1. Carlos Moreno, *Droit de cité*, Éditions de l'Observatoire, 2020.

La frugalité, une nouvelle dimension de la ville

J'en reviens à la question du début de ce chapitre : par où commencer ? Repenser la ville, c'est se projeter sur plusieurs dimensions : l'organisation même de la cité et les principes auxquels elle doit obéir ; le rapport entre la ville et les ressources qu'elle consomme ; la ville et le développement de son potentiel d'intelligence ; le « dur », c'est-à-dire les bâtiments qui font la ville, qu'il s'agisse de leur conception ou de leur transformation ; et enfin les facilités que la ville doit offrir, en matière de transport, de services, de lien social. N'étant pas urbaniste ni architecte, j'ai voulu, avant d'entreprendre ce livre, m'entretenir avec des hommes de l'art afin de comprendre où ils en étaient de leur propre réflexion. J'ai commencé par Denis Valode, qui a conçu la nouvelle tour Saint-Gobain à La Défense, et qui est l'un de nos plus brillants architectes, auteur de réalisations remarquées en France et dans le monde, comme les parcs d'exposition de Shenzhen et de Wuhan en Chine. Il se méfie de la « ville utopique », car, dit-il, « l'époque de la table rase, casser et reconstruire, est en train de passer ». Il préconise aussi d'en finir avec le « zoning » qui a présidé depuis tant d'années à la politique de la ville et qui a abouti à l'isolement social et géographique de catégories entière d'habitants des villes, rassemblés loin des centres. « La ville de demain sera celle de la mixité urbaine, mêlant les classes sociales et les générations au sein des mêmes quartiers d'habitation, et où bureaux, logements, commerces, cinémas, voisineront. » Pour lui, le logement de demain devra être plus frugal et plus participatif. Il a d'ailleurs construit à Grenoble un ensemble d'immeubles d'habitation de conception très nouvelle, chacun étant autonome en énergie, ce qui est assez à contre-courant des pratiques habituelles qui consistent à relier les bâtiments entre eux par des réseaux, très consommateurs d'énergie. Enfin, il est un ardent partisan de la végétalisation de la ville et du développement de l'agriculture urbaine. Je suis convaincu de la justesse de ces intuitions. Je crois beaucoup à la « ville frugale », économe de ses ressources et capable de mettre en pratique une véritable économie circulaire. La ville de demain doit être comme un organisme vivant qui se nourrit de ressources et de matériaux et qui les réutilise après les avoir recyclés.

Cette question de la gestion des ressources est essentielle. Le réchauffement climatique aura des conséquences non négligeables sur la disponibilité de ces ressources, au premier rang desquelles l'eau. Au-delà de l'approvisionnement en eau potable, qui est déjà un problème potentiel dans certaines régions, la ville durable doit être capable d'assurer un traitement optimal des eaux usées afin d'éviter des rejets dans les milieux aquatiques de pollutions importantes. Singapour, une ville innovante dans bien des domaines a aussi mis en place, du fait de ressources en eau potable quasi inexistantes, des systèmes de récupération des eaux de pluie particulièrement efficaces. J'ai entendu un ministre singapourien expliquer que « toute goutte d'eau doit être réutilisée dix fois ». Comme organisme vivant, la ville a aussi besoin d'air pur. Or la pollution de l'air est l'un des principaux risques environnementaux au niveau mondial et le quatrième plus gros facteur de risque de mortalité (8 millions de décès prématurés dans le monde, entre 48 000 et 76 000 en France). Une étude exploratoire du coût social de la pollution de l'air extérieur parvient au chiffre de 1 250 euros par an et par habitant dans les villes européennes. À Paris, la pollution de l'air coûte plus de 3,5 milliards d'euros par an[1]. Réduire la pollution de l'air extérieur est donc une nécessité pour une ville plus vivable, ce qui implique d'agir sur la circulation automobile (j'y reviendrai), mais aussi, plus globalement, sur l'ensemble des sources d'émissions de gaz à effet de serre dans la ville (je rappelle que, selon l'ONU, les villes émettent 70 % des GES dans le monde alors qu'elles n'occupent que 2 % du territoire). Et la crise sanitaire actuelle avec ses confinements a révélé que respirer de l'air pur était possible. C'était, en avril 2020, manifeste à Paris mais aussi un peu partout – on pouvait même revoir l'Himalaya depuis Delhi.

1. S. de Bruyn, J. de Vries, « Health costs of air pollution in European Cities and the linkage with transport », CE Delft, octobre 2020.

Enfin, s'il est un sujet qui conditionnera l'avenir des villes et leur attractivité, c'est la profondeur de leur insertion dans les processus de recyclage des déchets et de *tous* les déchets. Cela concerne naturellement les plastiques dont 100 % devront être recyclés à l'horizon 2025 en France au titre du plan d'action mis en œuvre par le gouvernement en 2020 (loi antigaspillage pour une économie circulaire, promulguée en février 2020). Les enjeux économiques sont majeurs : si l'Europe recyclait 60 % de ses plastiques, elle pourrait créer 80 000 emplois directs et 120 000 emplois indirects d'ici 2025. Sans entrer trop profondément dans la technique, cet effort de recyclage doit aussi porter sur la production d'énergie à partir de ce que les spécialistes appellent des CSC – pour « combustibles solides de récupération » (huiles usagées, pneus usés, sous-produits alimentaires, solvants, déchets de viscose ou de bois, textiles, déchets ménagers...). Enfin, il faut dès maintenant se préparer à traiter un sujet dont l'importance ira croissant dans les années qui viennent : le recyclage des batteries. La réglementation européenne, transposée en droit français, prévoit un taux de recyclage d'au moins 50 % et jusqu'à 70 % de la masse totale d'une batterie lithium-ion. Promouvoir l'usage des véhicules électriques dans les villes est tout à fait louable, mais le corollaire en est la multiplication du nombre de batteries automobiles usagées. La France doit donc se doter d'une filière compétitive de recyclage et de valorisation :

d'ici 2025, le nombre de batteries à recycler atteindra environ 45 000, soit 9 000 tonnes. Or cette opération impose la mise en œuvre de technologies de pointe au sein d'unités industrielles dédiées. Je fais cette incursion dans les problématiques techniques à dessein. Comme nous le verrons aussi dans le domaine du bâtiment, la ville frugale n'est pas qu'un concept à la mode ou une nouvelle théorie urbaine. Elle est un chemin exigeant, qui implique des investissements technologiques forts, un engagement de la part des grandes entreprises qui maîtrisent ces techniques et des décisions politiques pérennes.

Ville pavillonnaire ou ville verticale ?

Je me suis entretenu de ce concept de « ville frugale » avec Jean Haëntjens, économiste et urbaniste, l'un de nos meilleurs spécialistes des stratégies urbaines appliquées au développement durable et qui a d'ailleurs écrit un livre sur ce sujet[1]. Pour lui, la ville frugale n'est pas un modèle urbain clé en main, mais plutôt un mode de fabrication de la ville, jouant à la fois sur des principes d'organisation, des innovations techniques et la recherche de nouveaux plaisirs

1. Jean Haëntjens, *La Ville frugale. Un modèle pour préparer l'après-pétrole*, Éditions Fyp, 2011.

urbains pour offrir davantage de satisfactions avec moins de ressources afin de créer un modèle urbain plus savoureux et plus joyeux qu'il ne l'est aujourd'hui. Mais c'est une équation délicate. Ainsi, par exemple, quel équilibre trouver entre frugalité et mobilité ? Le confinement du printemps 2020 a démontré presque par l'absurde que l'absence de mobilité produisait d'excellents résultats en termes de pollution, de biodiversité et de retour de la nature et des animaux dans la ville. Mais c'est intenable en termes économiques ou sociaux. Qu'est-ce qu'une ville sinon un organisme en mouvement perpétuel dans laquelle la circulation des personnes et des biens joue un rôle aussi important que celui du sang dans le corps humain. Atteindre un juste équilibre entre frugalité et mobilité, ce n'est pas seulement promouvoir ce que l'on appelle aujourd'hui les « mobilités douces » ou les transports en commun, c'est aussi s'interroger sur l'organisation même de la ville et être en mesure de répondre à une autre question : faut-il densifier ou étaler la ville ? Le débat entre verticalité et horizontalité n'est pas nouveau. Mais il ne se pose pas dans les mêmes termes dans toutes les métropoles du monde. En outre, construire une tour de grande hauteur est aussi parfois une question de prestige. La densité de la zone urbaine de Dubaï ne nécessitait probablement pas la construction de la tour Burj Khalifa, à ce jour la plus haute du monde avec ses 828 mètres. Même remarque à propos de la Makkah Clock Royal Tower de La Mecque (601 mètres).

En revanche, on comprend que, dans des villes comme Shanghai, Pékin, Guangzhou, Shenzhen, qui abritent aussi des tours de très grande hauteur, la densité urbaine justifie le recours à la construction verticale. Le cas des États-Unis est un peu spécial dans la mesure où le « gratte-ciel » fait partie de l'ADN des grandes villes américaines. Mais il ne faut pas oublier que ce concept n'est pas né d'une lubie d'un entrepreneur milliardaire. Il est le produit du grand incendie de Chicago en 1871 qui a détruit une bonne partie du centre-ville. Il a conduit à une nouvelle approche de la construction, moins gourmande en surface au sol, plus résistante au feu, inaccessible aux inondations et d'assemblage facile. L'invention de l'ascenseur a été déterminante et, dès la fin du XIXe siècle, les gratte-ciel fleurissent à Chicago et à New York. Cette tradition a perduré, contre toutes les vicissitudes. Ainsi, New York a reconstruit une tour au One World Trade Center (541 mètres de hauteur), et a même édifié la plus haute tour d'habitation du monde (98 étages, 472 mètres de hauteur), la Central Park Tower, en plein cœur de Manhattan, qui surpasse désormais le 432 Park Avenue et ses 426 mètres ou le 8 Spruce Street (dite aussi tour Gehry, du nom du célèbre architecte qui l'a conçue) et ses 300 mètres. Bien sûr, les immeubles de grande hauteur sont concentrés dans les métropoles américaines les plus denses, et n'ont pas empêché d'ailleurs qu'elles s'étalent largement dans leur périphérie.

L'Europe a fait des choix différents. La tour est majoritairement réservée aux immeubles de bureaux, alors qu'aux États-Unis, habiter dans une tour au cœur de Manhattan est considéré comme un marqueur social. En France, nous ne sommes pas du tout dans cette logique. Habiter une tour est plutôt un signe de déclassement social puisque, à quelques exceptions près, notamment à Paris, les immeubles d'habitation de grande hauteur sont éloignés des centres-villes. Jusqu'à aujourd'hui, le modèle français a plutôt favorisé la maison individuelle et le zonage « pavillonnaire », dont on voit bien les limites aujourd'hui. Denis Valode et Jean Haëntjens conviennent qu'il faut plutôt revenir à une certaine densification des villes, mais sans que cela rompe le lien avec la nature, ce qui plaide plutôt pour des immeubles de faible hauteur, dotés de terrasses, balcons ou petits jardins, voire de façades végétalisées.

En fait, l'étalement de la ville auquel nous avons assisté depuis les dernières décennies a créé beaucoup d'externalités négatives, comme disent les économistes. La première est l'artificialisation des sols, un sujet que j'ai déjà évoqué, qui provoque non seulement une diminution des surfaces agricoles, mais est aussi un facteur aggravant des inondations. Or ces dernières vont se multiplier si l'on en croit les prévisions des experts du climat. À cet égard, l'année 2020 s'est avérée particulièrement cruelle pour certaines régions de France au premier rang desquelles l'arrière-pays niçois, durement touché. Ces épisodes ont un coût humain et économique de plus en plus lourd. S'il est souhaitable d'aller vers une ville plus dense, il est tout aussi nécessaire de rétablir la présence du végétal dans les villes, afin qu'en cas de fortes pluies, les systèmes d'évacuation et de traitement des eaux usées ne soient pas submergés et entraînent des pollutions graves du milieu naturel. Il est heureux que ce sujet devienne une préoccupation majeure des collectivités, si j'en juge par les nouveaux outils d'anticipation et de gestion des crues qu'un certain nombre de villes ont déjà mis en place.

Sylvain Grisot, urbaniste et enseignant, avec qui je me suis également entretenu avance un autre argument contre l'étalement urbain : son coût. Dans un livre publié en 2020[1], il explique que les opérations d'aménagement urbain peu denses sont en général déficitaires. Elles sont des paris sur l'avenir de collectivités locales qui subventionnent ainsi de façon tacite l'arrivée de nouveaux habitants ou d'entreprises en misant sur les retombées fiscales à venir. En outre, l'étalement implique la réalisation de coûteuses infrastructures routières. Pour lutter contre ce phénomène, Sylvain Grisot propose un nouveau concept, que je trouve séduisant : l'urbanisme circulaire. Il s'agit d'appliquer à la fabrique de la ville les principes de l'économie circulaire afin de

1. Sylvain Grisot, *Manifeste pour un urbanisme circulaire. Pour des alternatives concrètes à l'étalement de la ville*, dixit.net, 2020.

produire une ville flexible, capable de s'adapter en continu aux évolutions des besoins, pour optimiser l'usage des sols déjà artificialisés. « Pour cela, le modèle de fabrication de la ville doit muter, pour intégrer à chacune des étapes de la constitution du tissu urbain (conception, mise en œuvre, vie en œuvre, seconde vie, fin de vie...), la logique propre de l'économie circulaire », écrit-il. L'idée est intéressante. Elle propose une autre logique que le classique « détruire puis reconstruire ». Cela revient en fait à « intensifier » les usages de la ville, à mobiliser des morceaux d'espaces publics sans grand intérêt pour bâtir sans étaler. Densifier c'est permettre plus d'usage sur la même surface de sol, ce qui permet d'enrichir le périmètre de la ville sans l'étaler. On voit bien que le débat ne concerne donc pas uniquement la hauteur des bâtiments, mais l'organisation de l'espace urbain dans son ensemble sans oublier d'y intégrer la nature.

La ville du quart d'heure : le nouveau modèle ?

La ville frugale, c'est aussi une ville où l'on réduit l'usage et l'espace de la voiture. Au cours des décennies précédentes, les villes ont dû s'adapter à l'essor de l'automobile, et force est de constater qu'elles lui ont laissé une place prépondérante. En France, 48 % des sols artificialisés sont consacrés aux usages de l'automobile a calculé Sylvain Grisot. Chacun s'accorde aujourd'hui pour reconnaître que, si elle ne veut pas étouffer ou imploser, la ville doit faire une autre place à la voiture, moins prégnante. Ce n'est pas si simple, et l'exemple de la ville de Paris, qui veut aller loin et vite dans cette direction, montre que cela pose de nombreux problèmes, à commencer par celui de l'activité économique. Le travail et donc les flux de biens et de personnes doivent y trouver leur place, ce qui suppose un certain niveau de circulation automobile. Pour autant, réduire la place de la voiture, au sens physique du terme, ouvre des perspectives nouvelles d'aménagement. Un certain nombre d'exemples le démontrent. À Nice, la promenade du Paillon, une coulée verte qui part de la promenade des Anglais jusqu'au théâtre national, a été construite en partie à l'emplacement de parkings et d'une gare routière. À Lyon, les quais du Rhône ont été réaménagés en espaces végétalisés destinés à la promenade, en lieu et place de parkings. À Bordeaux, les quais de la Garonne ont subi une transformation analogue, sans parler des quais de Seine à Paris. Cette réappropriation par les habitants de ces espaces privilégiés, dont ils avaient été privés en partie en faveur de l'automobile, participe de la ville désirable. Comme le suggère Sylvain Grisot, la baisse du taux de détention d'une automobile par les citadins (à Paris le taux de détention est tombé à 38 % contre 86 % pour la France entière, selon une étude de 2019 du cabinet Kantar, et ce phénomène est encore plus fort dans les jeunes générations et donc il va s'amplifier) amène à se poser la question du sort des parkings qui occupent des surfaces non négligeables à l'air libre et en sous-sol et qui, en toute logique, seront de moins en moins occupés. Or les règles qui président à la construction de logements font toujours obligation de prévoir des places de stationnement (une place par tranche de 60 mètres carrés au plancher), ce qui démontre bien l'importance qu'a prise l'automobile dans l'aménagement de la ville. En toute logique, ces règles devraient être amendées.

Une ville désirable est une ville organisée à l'échelle humaine. Simple bon sens pourrait-on me rétorquer. Pourtant c'est loin d'être le cas partout. Si beaucoup de villes sont stressantes, c'est parce qu'elles imposent sur leurs habitants la dictature du temps. Partir de chez soi de bonne heure pour arriver à temps à son travail, ne pas rater le train du retour, courir à l'autre bout de la ville pour voir un médecin ou accomplir une démarche administrative, faire de longs trajets en transport en commun pour rejoindre son université ou son lycée. Ces contraintes et la façon de s'en libérer ont fait émerger un nouveau concept, celle de la ville du « quart d'heure », défendu notamment en France par Carlos Moreno. Il part d'un principe : dans la ville de demain, rien ne devrait être à plus d'un quart d'heure à pied de son lieu de résidence, qu'il s'agisse de son bureau, des commerces, des salles de spectacle, des écoles, des structures médicales, des administrations essentielles, des parcs ou jardins, des restaurants. Cela suppose naturellement une réorganisation assez radicale de l'espace et du temps. Cette idée repose également sur la mixité d'usage d'un certain nombre de bâtiments, comme les écoles par exemple, qui pourraient servir, hors des heures de cours, de centres de loisirs ou de culture, ou encore les parkings de surface qui pourraient être transformés en terrasses ou jardins. Le concept est intéressant et fait d'ores et déjà l'objet de mises en œuvre dans un certain nombre de métropoles européennes. Il remet naturellement en cause l'organisation traditionnelle de la ville, où quartiers d'affaires, de loisirs, de résidence sont souvent séparés les uns des autres. Par ailleurs, la question de la mixité d'usage des bâtiments n'est pas aussi simple à traiter. Ce n'est pas parce que les bureaux sont vides le week-end que l'on peut facilement les transformer en salles des fêtes ou de concerts. Néanmoins, la ville du quart d'heure a le mérite de proposer une direction souhaitable vers une ville où la séparation entre le centre et la périphérie s'amenuiserait, qui serait constituée d'archipels multifonctionnels reliés les uns aux autres, contribuant ainsi à « démassifier » la ville, à la rendre plus amicale et plus *user friendly*, comme disent les Anglo-Saxons. Elle libérerait les habitants de cette dictature de l'horloge et de l'impression d'être engagé chaque jour dans une sorte de course folle entre les activités privées et la vie professionnelle.

Naturellement, il existe un préalable à la mise en œuvre de la ville du quart d'heure : rapprocher le lieu de travail et le lieu de résidence. Si l'on prend l'exemple de Paris, où les quartiers d'affaires sont majoritairement à l'ouest et les quartiers de résidences plutôt à l'est, créer de la mixité n'a rien d'évident. On ne fera pas venir les Parisiens habiter en masse dans le quartier de La Défense, et l'on ne transportera pas les tours de bureaux qui y sont implantées dans le centre de Paris. En revanche, on constate que cette mixité s'installe progressivement dans les nouveaux quartiers qui sont édifiés dans un certain nombre de métropoles comme Lyon, Toulouse, Bordeaux, Lille, Nantes et qui rassemblent, dans un même lieu, activités économiques, commerciales, culturelles, immeubles résidentiels et espaces naturels. C'est une bonne illustration de la ville désirable.

J'en suis convaincu, le désir de ville est toujours là. Mais il a changé de nature et, surtout, il s'exprime haut et fort. Nous ne sommes plus à l'époque des Trente Glorieuses où tout était plus ou moins voué à la croissance économique. La ville était l'instrument de cette croissance en même temps que sa vitrine. Ce n'est pas par hasard que cette époque correspond à une forte expansion de l'urbanisation, soumise davantage à des impératifs quantitatifs que qualitatifs. Certes, l'impératif de croissance est toujours là, mais il est tempéré par d'autres attentes des citoyens en termes de qualité de vie et de confort. Et ces attentes s'expriment haut et fort : moins de grandes infrastructures, moins de projets pharaoniques, plus de services de proximité, de projets dont les bénéfices pour l'ensemble de la collectivité sont palpables et mesurables. Le score des candidats écologistes aux dernières élections municipales en est une démonstration assez claire. Il ne faudrait pas pour autant que la France, comme beaucoup d'autres pays, cesse d'investir dans la modernisation de ses infrastructures, mais il est de plus en plus nécessaire que les projets fassent la preuve qu'ils créent de la valeur pour la communauté et qu'ils contribuent à lutter contre une menace qui nous concerne tous, celle du dérèglement climatique et du réchauffement de la planète. Créer des espaces naturels dans la ville et construire une usine de recyclage des matières plastiques participent du même objectif, ce que ne perçoit pas toujours le public. La ville désirable est un mélange de réalisations, dont le bénéfice est immédiat et visible, et d'investissements technologiques et industriels de long terme. Cela passe par la création de nouveaux outils industriels car la décarbonation de la ville ne se fera pas par l'opération du Saint-Esprit. Il faudra y investir des capitaux considérables pour rendre la ville plus « intelligente » et traiter ce qui reste le problème numéro un de l'empreinte carbone des villes : ses bâtiments.

CHAPITRE 5

Quelle intelligence pour la ville ?

Les enjeux de la transformation de la ville sont d'une telle ampleur qu'ils doivent mobiliser toute notre intelligence collective. Établir des constats, élaborer des théories, produire des rapports et des études n'est que le début du processus dont le mérite est de construire un diagnostic partagé sur les directions à suivre. Mais, dans l'entreprise, nous savons que le succès réside dans l'action et dans l'excellence opérationnelle. Savoir quoi faire est une chose, le faire en est une autre. Le problème de la ville est à la fois global et local. Global, en ce sens que les villes sont aujourd'hui le problème et la solution en matière de lutte contre le dérèglement climatique. Local, parce que chaque ville est le produit de son histoire, de sa sociologie, de sa géographie, de sa structure urbaine et de son organisation. Quels sont les acteurs traditionnels de la ville ? L'État qui définit un cadre et une politique de la ville ; les élus et dirigeants des collectivités locales qui sont les maîtres d'œuvre des projets d'investissements et qui détiennent la légitimité politique pour les décider et les mettre en œuvre ; les entreprises qui développent les services, les outils, les technologies et qui disposent de fortes capacités d'innovation et d'investissement ; les citoyens dont on peut mesurer, depuis quelques années, la volonté non seulement d'être consultés, mais surtout d'être associés aux grands choix urbains. On a pu constater, ces dernières années, les difficultés à aligner les intérêts de toutes ces parties prenantes de la ville. Je me risque à un pronostic : rien ne sera possible si ces différentes planètes ne sont pas alignées. Or, on le sait, les finances des collectivités locales sont contraintes. Les modes de coopération entre ces collectivités et les entreprises, qui ont permis le déploiement d'un vaste réseau de services publics, qu'il s'agisse de l'eau, des déchets ou de l'énergie, doivent probablement être enrichis par des partenariats public/privé rénovés dont le but doit être de rechercher une création de valeur optimale pour le bien de la communauté. Il ne m'appartient pas d'intervenir directement dans ce débat, mais les discussions que je peux avoir avec des dirigeants de collectivités me laissent penser que des marges de progrès sont possibles.

Les Gafam, nouveaux maîtres de la ville ?

Beaucoup de débats se focalisent aujourd'hui sur la ville « intelligente » ou, comme on le dit en bon français la *smart city*, un concept né aux États-Unis et popularisé par des acteurs nouveaux dans la conception et la gestion de la ville : les géants du numérique, comme Microsoft, Facebook, Google, Apple ou Amazon. Pourquoi ces entreprises s'intéressent-elles tant à la ville ? « Parce que les acteurs majeurs de l'économie numérique ont compris depuis une décennie que la fabrique et la gestion des villes constituaient l'un des défis majeurs du XXIe siècle et donc un enjeu économique de tout premier plan », répond Jean Haëntjens dans un livre qu'il a consacré à ce sujet[1]. La compréhension des systèmes urbains, complexes par nature, peut être facilitée par le traitement algorithmique des données et permettre ainsi de mieux comprendre et d'analyser le fonctionnement de la ville. La géolocalisation permet d'appréhender la réalité des mobilités urbaines et donc d'y répondre par une nouvelle approche des transports urbains plus en phase avec les flux de déplacements des habitants. Le traitement des données permet ainsi de proposer des modèles de déplacements en

1. Jean Haëntjens, *Comment les géants du numérique veulent gouverner nos villes. La cité face aux algorithmes*, Rue de l'Échiquier, 2018.

temps réel, faciliter la circulation et apporter des solutions nouvelles aux utilisateurs, dans une logique de *mobility as a service*. Les solutions numériques vont également rendre possibles, grâce à l'intelligence artificielle, la régulation et les nombreux systèmes automatiques qui régissent la vie d'une cité (feux de circulation, débit des réseaux d'eau et d'assainissement...). Il en va de même pour la tarification des services urbains qui pourrait être davantage affinée et tenir compte de paramètres comme le coût réel du service, le moment où il est demandé, la solvabilité de l'utilisateur. La numérisation de l'affichage urbain ouvre de nouvelles possibilités à la fois d'intermédiation entre les gestionnaires de la collectivité et ceux qui y résident, et d'amélioration de la qualité de l'information des citoyens. Et comme le relève également Jean Haëntjens, les outils numériques peuvent se révéler des vecteurs efficaces de la démocratie locale. On voit en effet se développer dans un certain nombre de grandes villes ce que l'on appelle des *civic techs*, qui analysent les enjeux électoraux, améliorent la transparence de la gestion publique et rendent plus opérante la participation citoyenne.

Sur le papier, il n'y a donc aucun obstacle à ce que les grandes entreprises de technologie participent à l'amélioration de l'efficacité des systèmes urbains. Mais les ambitions de certaines de ces entreprises sont plus grandes encore. Elles se voient fort bien concevoir et gérer des villes entières. L'exemple de la ville de Toronto, qui a défrayé la chronique voici quelques mois, en est une illustration. En 2019, la municipalité a décidé de confier à Sidewalks Lab, une filiale d'Alphabet, la maison mère de Google, la conception et la gestion d'un nouveau quartier de la ville, Quayside. Le fait que Google ait décidé de créer cette filiale est déjà intéressant en soi, car l'urbanisme ne fait apparemment pas partie de son cœur de métier. Mais le site Internet de Sidewalks Lab affiche clairement son ambition qui est de « réimaginer la ville pour améliorer la qualité de la vie », ni plus ni moins. La feuille de route de l'entreprise est ainsi formulée : « Les villes affrontent de nombreux défis, depuis le changement climatique jusqu'au coût élevé des loyers. Les innovations urbaines en matière de conception et de technologies peuvent aider à relever ces défis. Notre objectif est de construire un futur plus durable et moins coûteux. » Elle emploie des ingénieurs et des urbanistes qui travaillent, grâce à l'intelligence artificielle et au *machine learning*, sur de nouveaux modes de conception des villes, sur de nouvelles techniques de construction, sur de nouveaux systèmes de gestion de l'énergie, en association avec une dizaine de start-up dans lesquelles Sidewalks Lab a investi.

Revenons à Toronto. L'objectif de Google était de faire de ce projet la vitrine de la *smart city*. Le géant du numérique projetait d'y déployer l'ensemble de ses technologies d'intelligence artificielle, de collecte et d'interprétation des données. Des voitures autonomes en surface, des robots pour évacuer les déchets et livrer les colis au travers de tunnels. Surtout, la ville « physique » devait être dotée d'une véritable « couche » numérique : des batteries de capteurs pour enregistrer en temps réel les moindres mouvements dans le quartier, des systèmes d'intelligence artificielle pour analyser comportements et usages des habitants, donnant corps au rêve – ou au cauchemar – d'une ville intégralement administrée grâce aux données. Le projet intégrait aussi des rues chauffantes pour défier l'hiver canadien ; des immeubles en bois, d'une hauteur encore jamais atteinte pour ce type de matériau ; des abris contre les intempéries qui se déploient automatiquement en fonction de la météo ; des systèmes de signalisation lumineux au sol, pouvant modifier l'affectation de la voirie selon les heures ou les événements. Dans sa phase initiale, Quayside devait couvrir une superficie beaucoup plus importante que celle affectée à Google. Mais, finalement, la ville de Toronto a renoncé, à cause de l'opposition d'un certain nombre d'habitants de la ville et d'élus, hostiles à la « privatisation » d'une partie de la ville. Et surtout farouchement opposés au fait que les données puissent faire l'objet d'une commercialisation à des tierces parties, et notamment à des entreprises privées. Ce projet urbain illustre néanmoins parfaitement la tendance à l'hybridation entre les acteurs traditionnels et les géants du numérique, observée dans beaucoup d'autres secteurs de l'économie. Il montre que des acteurs du numérique, sans expérience préalable de la gestion d'une collectivité, peuvent prétendre aujourd'hui, grâce aux technologies qu'ils maîtrisent à s'ériger en concepteurs et gestionnaires de *smart cities*.

Facebook et Google ont d'ailleurs lancé, voici quelques années, des projets de création de villes nouvelles, Zucktown et Alphabet City, en partie pour accueillir leurs collaborateurs et leurs familles, projets « pharaoniques », selon la presse américaine, dont on ne sait pas très bien d'ailleurs dans quel état ils sortiront de la crise de la Covid-19, puisque ces deux entreprises se sont signalées par un recours intensif au télétravail, qui devrait se poursuivre à grande échelle au cours des prochaines années. Rien de comparable néanmoins avec le projet de *smart city* de Neom en Arabie saoudite, une cité futuriste à 500 milliards de dollars, grande comme trente fois la ville de New York, une mégalopole dans laquelle on circulerait en taxis volants, où l'école serait assurée par des hologrammes, la température régulée grâce à un système d'ensemencement des nuages déclenchant des pluies à intervalles réguliers, et qui disposerait d'un statut extraterritorial permettant à ses habitants de s'affranchir du rigorisme saoudien, s'agissant notamment de la consommation d'alcool.

Technologie et entreprises au service de la qualité de la vie des citoyens

Pour autant, la technologie suffit-elle à rendre une ville plus intelligente ? Je ne le crois pas. Elle peut la rendre plus efficiente, moins gourmande en ressources, plus riche en services nouveaux. Mais l'intelligence d'une ville, c'est aussi sa capacité à prendre en compte la dimension humaine, à offrir à ses habitants une vie plus agréable, à enrichir les interactions sociales, à créer un cadre désirable. La ville doit demeurer un lieu de gouvernance publique et non privée. L'hygiénisme technologique ne peut pas constituer le principe directeur de la transformation de la ville qui doit être menée en fonction des attentes des communautés qui la composent.

Cela ne signifie pas, et j'insiste sur ce point, que les entreprises privées n'y aient pas leur place. Au contraire, elles doivent être associées dans l'identification et la mise en œuvre des meilleures solutions, se concentrer sur des projets qui apportent des services clairs et mesurables aux collectivités et à leurs habitants. La crise du coronavirus a fait apparaître des besoins clairs, qui sont tous liés à des attentes fortes du public : un réseau de télécommunications puissant et fiable dans tous les territoires ; davantage de structures de santé et médico-sociales afin de lutter contre les déserts médicaux et d'assurer à tous les citoyens, quel que soit leur âge ou le territoire où ils résident, une sécurité sanitaire efficace, même en période de crise, des systèmes de transport décarbonés et des bâtiments économes en énergie. À titre d'exemple, on peut fort bien imaginer qu'une métropole ou une ville moyenne recoure à un partenariat avec une entreprise privée pour se doter d'une flotte de bus électriques. Une telle offre au public répond à une problématique structurelle. Dans les nouveaux systèmes de transport urbain, le service est conçu de façon globale. On ne raisonne plus unité de transport par unité de transport, mais en termes de gestion d'une flotte complète. On peut ainsi imaginer un partenariat entre la collectivité, un acteur de l'énergie, un constructeur de bus et un agrégateur de solutions afin d'apporter à une collectivité un projet global : construction d'un dépôt électrifié et de stations de charge, fourniture et exploitation du matériel roulant, gestion du trafic, maintenance du parc. La collectivité se voit fournir l'assurance d'une solution de transport globale, 100 % décarbonée, avec des garanties sur la gestion des coûts, la maintenance et les performances du service. Des solutions du même type peuvent résoudre les problèmes de consommation d'énergie des bâtiments. Une structure *ad hoc* associant un énergéticien et un investisseur privé peut fort bien prendre en charge la rénovation énergétique d'écoles, d'universités, de bâtiments administratifs, avec un objectif de baisse de l'empreinte carbone clairement formulé. Un autre sujet très complexe doit aussi donner lieu à de nouvelles initiatives et de nouveaux types de partenariats : ce que les spécialistes de la logistique appellent le « dernier kilomètre ». Le développement de l'e-commerce, qui ne peut que s'accélérer dans les années qui viennent, entraîne aussi la multiplication des livraisons au cœur des villes et donc un trafic supplémentaire de véhicules utilitaires. Tout le monde s'accorde à reconnaître que ces flux ne contribuent pas à l'amélioration de la qualité de l'air, ni à la fluidité de la circulation dans les centres-villes. Il suffit de circuler dans Paris pour se rendre compte des problèmes que pose l'afflux de véhicules de livraison à certaines heures de la journée. Certes, mettre en place une logistique particulière pour ce dernier kilomètre n'est pas des plus simples : il faut créer dans la proche périphérie des villes des *hubs* qui concentrent les colis à livrer, pour les distribuer ensuite vers des « mobilités douces » et notamment des véhicules électriques de petite taille. Mais pour les entreprises de transport, cela revient à créer un point de rupture de charge supplémentaire et surtout à abandonner ce dernier kilomètre à des concurrents. Des solutions sont pourtant possibles. Je note qu'aux Pays-Bas, un certain nombre de villes (la pionnière a été la ville de Nimègue, voici une dizaine d'années) ont mis au point des services adaptés au dernier kilomètre, avec des entrepôts situés hors des centres, et un système de vélos-cargos électriques qui assurent la livraison finale. Les transporteurs ont compris que cette organisation leur faisait en réalité gagner de l'argent, puisque les camions ne sont plus bloqués dans la circulation des centres-villes et peuvent retourner plus vite dans leurs dépôts centraux. Les restaurateurs et les commerçants, qui concentrent une bonne part des livraisons dans les villes, ont été associés à la démarche afin qu'ils soient en mesure de choisir ce mode de livraison. Point P, filiale de négoce de matériaux du groupe Saint-Gobain, réfléchit aussi beaucoup à cette question du dernier kilomètre, au travers de sa démarche Evoluvert qui vise à optimiser et à réduire le nombre de voyages, de lieux et de fréquences de livraisons grâce à des véhicules hybrides, d'autres au gaz naturel et des camions bridés à 80 km/h.

Les entreprises privées, qu'elles soient technologiques ou de services collectifs se doivent d'être des apporteurs de solutions et de performances. Les décideurs publics doivent pouvoir mettre une valeur économique en face des services apportés aux parties prenantes par le projet, afin qu'elle soit intégrée à la rémunération de l'acteur privée ou à la valeur du contrat. Le partenariat doit être envisagé comme une forme d'engagement au service du territoire et de la collectivité, comme une déclinaison locale de la « raison d'être » de l'entreprise. C'est ainsi que je conçois la « ville intelligente », capable d'appréhender l'ensemble de ses besoins, de les planifier dans le temps, de mobiliser les ressources financières et technologiques nécessaires, publiques ou privées, d'associer les citoyens aux choix et aux décisions, afin d'offrir un cadre de vie agréable, efficient sur le plan de l'empreinte environnementale et climatique, et accessible à tous. Comme le disait Jacques Lacan, « le véritable désir s'ébauche dans la marge où la demande se déchire du besoin ». C'est la même chose pour la ville : la désirer au lieu qu'elle soit une nécessité.

CHAPITRE 6

Rebâtir la ville sur la ville

L'ardente obligation de la rénovation

Monsieur de La Palice ne l'aurait pas mieux dit : une ville, ce sont des bâtiments. Ces bâtiments en font l'attrait historique et patrimonial, hébergent les activités administratives, commerciales et économiques et, surtout, abritent les habitants. Mais ils sont aussi *le premier problème* de la ville, puisqu'ils sont à l'origine, en moyenne, de 40 % de la consommation d'énergie finale, de près de 30 % des émissions totales de gaz à effet de serre. Ainsi, Paris a émis environ 5,5 millions de tonnes d'équivalent CO_2 en 2018, selon les derniers chiffres de la municipalité, dont 3,9 millions proviennent des bâtiments du tertiaire et à usage résidentiel, et 1,2 million du transport. Et l'on sait quelle est l'origine principale de ces émissions : l'approvisionnement des bâtiments en énergie pour les chauffer, les éclairer, les alimenter en électricité et parfois les rafraîchir. Réduire l'empreinte carbone de la ville passe donc par un travail de grande ampleur sur ce qui constitue le « bâti » de la ville, à la fois au niveau de sa conception, mais aussi de ses usages et naturellement de ses consommations d'énergie.

Un rapport à l'habitat qui a radicalement changé

La Covid-19 a, de ce point de vue, ébranlé quelques convictions. La première est celle du lien physique obligé entre le salarié et son lieu de travail. Je fais l'hypothèse que le recours au télétravail va s'amplifier dans les années qui viennent, même si je ne suis pas un ardent partisan de sa généralisation au-delà d'une certaine dose. Cela obligera à réfléchir à la fonction des immeubles de bureaux à partir du moment où leur taux d'occupation commencera à baisser ou en tout cas à subir des variations fortes en fonction des jours de la semaine. Il est probable que le bureau deviendra de plus en plus un espace de coworking, de réunions, de services, de restauration, voire de sport. Il pourrait ainsi devenir un bâtiment à usages multiples, ouvert aux publics extérieurs à l'entreprise en certaines occasions. Même remise en cause en matière de logement : le confinement a montré qu'il était aussi un espace de travail et d'études, ce qui n'était absolument pas sa fonction première. Cela signifie que le dessin classique d'un logement, comprenant un espace à vivre et des chambres, doit lui aussi évoluer et intégrer la possibilité de travailler ou d'apprendre dans de bonnes conditions. Le logement se fera modulable, en fonction des besoins de ses occupants aux différentes étapes de leur vie. Ce n'est pas du tout de cette façon que les immeubles résidentiels ont été conçus au cours des décennies précédentes.

L'attente des jeunes urbains est de pouvoir accéder aux centres-villes à des conditions de coût accessibles. Or elle bute sur une réalité bien concrète : le prix du foncier est en général plus élevé dans le centre que dans la périphérie, ce qui explique d'ailleurs le fait que les classes moyennes ont été progressivement repoussées hors du centre de Paris, de Londres ou de New York, qui battent chaque année des records en matière de prix du mètre carré. Faudra-t-il aller jusqu'à inventer des logements « nomades » comme le proposent deux jeunes architectes, Frédérique Barchelard et Flavien Menu, qui ont conçu un logement montable et démontable en cinq jours, construit tout entier en bois et formé de modules juxtaposables ou superposables[1] ? Pourquoi pas, en effet, mais à condition de pouvoir distinguer la propriété du foncier et celle du bâti, ce qui n'est

1. « Ils inventent le logement du futur », France Culture, 8 novembre 2020.

pas précisément le cas dans nos villes, en particulier en France. Les chercheurs du Media Lab City Home du MIT ont imaginé une autre forme de modularité : une seule pièce qui peut en contenir plusieurs grâce à un système de murs mobiles qui permet à l'occupant de modifier d'un seul geste la configuration de son logement et de l'adapter à ses besoins. La modularité est un concept auquel travaillent d'ailleurs de nombreuses entreprises spécialisées comme Saint-Gobain, dont la conception et la fabrication des cloisons en plaques de plâtre sont l'un des principaux métiers. Je fais toute confiance aux architectes et aux designers pour inventer le « logement du futur » et d'ailleurs le concours d'idées est ouvert depuis assez longtemps déjà. L'essentiel est de tirer les enseignements du passé et de donner la priorité à la notion de confort, qui englobe à la fois l'organisation même du logement, sa surface et ses performances environnementales. Autant qu'un logement économe en énergie, nous avons besoin d'un logement qui assure à ses occupants un véritable confort thermique, puisque la bonne température, au bon moment de la saison, est à la fois un facteur d'économie d'énergie et de confort.

Le casse-tête des « passoires thermiques »

Quelles que soient les innovations apportées à la conception et aux usages des bureaux ou des logements, l'enjeu de la réduction de leur consommation énergétique et de leur « empreinte carbone » restera aussi central. Naturellement, le problème n'est pas tout à fait le même à la ville et à la campagne, dans les bâtiments et logements anciens ou dans le neuf, que dans le tertiaire ou dans le résidentiel. Mais de plus en plus le sujet est lié à la ville. Au 1er janvier 2020, la France comptait environ 37 millions de logements, selon l'Insee, dont près de 82 % de résidences principales, environ 10 % de résidences secondaires et de logements occasionnels et 8 % de logements vacants. Près de 20 millions de ces logements sont des habitations individuelles et 15 millions des logements collectifs. Depuis le début des années 1980, le parc s'accroît en moyenne de 1 % par an. Mais cette progression n'est pas linéaire. Entre 2000 et 2016, entre 300 000 et 500 000 logements ont été construits chaque année, soit un total de plus de 6 millions. Sur la même période, la population s'est accrue d'environ 352 000 personnes par an, ce qui signifie que l'offre a globalement répondu à la demande. Cela ne veut pas dire que cet équilibre soit parfait puisque l'on note un déficit de logements accessibles aux familles aux revenus intermédiaires dans un certain nombre de grandes métropoles. Mais le nombre de logements ramené au nombre d'habitants en France (519 ‰) est relativement comparable à celui de l'Allemagne ou de l'Autriche. Le parc français est cependant relativement âgé : environ 30 % du parc actuel a été construit avant 1949, 20 % entre 1949 et 1974, 30 % entre 1975 et 1998. Même si ces proportions diminuent mécaniquement chaque année, environ huit logements sur dix en France ont plus de vingt ans d'âge et n'ont donc que très partiellement, et pour les plus récents d'entre eux, intégrés des normes de consommation énergétique, créant du même coup de l'inconfort pour les occupants. En 2050, 70 % du parc serait encore constitué d'immeubles construits avant 2012.

Le rapport de l'Insee sur le logement de 2017[1] révèle d'ailleurs qu'en France, en 2013, 1,6 million de ménages étaient en situation d'inconfort thermique[2] et 3,8 millions de ménages en situation de précarité énergétique. D'autres sources évaluent à 7 ou 8 millions le nombre de logements très énergivores. En France, le bâtiment représente 44 % de la consommation finale d'énergie, et ce pourcentage ne cesse

1. *Les Conditions de logement en France. Édition 2017*, Insee Références, 2017.
2. L'inconfort thermique est la situation des ménages ayant déclaré avoir souffert au moins vingt-quatre heures du froid au cours de l'hiver précédent l'enquête, soit pour des raisons financières, soit pour cause d'une installation insuffisante ou en panne, ou d'une coupure de la fourniture d'énergie à cause d'une facture impayée ou d'une mauvaise isolation.

de progresser depuis 2000, compte tenu de la baisse enregistrée dans d'autres secteurs. Si la consommation d'énergie dans les bâtiments reste stable, c'est que les efforts en matière d'efficacité énergétique ont été compensés, selon les documents de la Programmation pluriannuelle de l'énergie (PPE), par l'accroissement des surfaces et la démographie dans le résidentiel, et par l'éclairage et la climatisation dans le tertiaire. Le chauffage reste bien sûr le premier poste de consommation énergétique dans le bâtiment et utilise un mix plus carboné que les autres postes (50 % de gaz et produits pétroliers, pour 32 % d'électricité). Or l'isolation d'un bâtiment moyen (pas particulièrement énergivore) peut permettre de réduire la facture de chauffage jusqu'à 90 % et la consommation énergétique de 70 %. Et si les mêmes exigences d'efficacité énergétique étaient appliquées à l'ensemble du parc immobilier (ancien et neuf), l'économie potentielle de consommation d'énergie en Europe dépasserait les 500 millions de tonnes d'équivalent pétrole.

Ces quelques chiffres décrivent assez bien l'ampleur du sujet. Il n'est pas nouveau. Dans un livre que j'ai écrit en 2015[1], au moment où se réunissait la COP21 à Paris, j'en soulignais déjà l'urgence… J'écrivais notamment : « Il faut passer à la vitesse supérieure : donner de la visibilité à la filière de l'efficacité énergétique dans le bâtiment, créer un marché de masse pour réaliser des économies d'échelle,

1. *Notre combat pour le climat*, Le Passeur Éditeur, novembre 2015.

lever les obstacles structurels à la rénovation du parc par une meilleure information et coordination des acteurs et concentrer les incitations et les aides sur les moments clés de la vie d'un bien immobilier, qui sont l'occasion de rénovations significatives, comme le changement de propriétaire, ou les travaux de ravalement. » Cinq ans plus tard, il n'y a rien à changer à ces lignes. Cela ne signifie pas que rien n'a été fait. La rénovation énergétique des bâtiments figure toujours en bonne place dans les projets du gouvernement français, dans l'agenda des grandes métropoles, et dans les objectifs affichés par l'Union européenne. En octobre 2020, Bruxelles s'est même dotée d'une stratégie en la matière, baptisée Renovation Wave qui se fixe comme mission de doubler le rythme de rénovation des bâtiments au cours des dix prochaines années et d'atteindre en 2030 le chiffre de 35 millions de bâtiments rénovés. Ce plan est aussi destiné à lutter contre la précarité énergétique : selon la Commission, 34 millions d'Européens se trouvent dans l'incapacité de chauffer correctement leur logement faute de moyens financiers. Franck Timmermans, premier vice-président exécutif de la Commission, en charge du Green Deal, résume ainsi les objectifs de la Renovation Wave : « Nous voulons que chaque Européen dispose d'un logement qu'il peut éclairer, chauffer ou rafraîchir sans épuiser son compte en banque et sans détériorer l'état de la planète. La Renovation Wave améliorera les lieux où nous vivons, travaillons, étudions, tout en réduisant notre impact sur l'environnement et créera des emplois pour des milliers d'Européens. » La façon d'atteindre cet objectif n'est pas révolutionnaire, elle fait appel à des méthodes que l'on connaît déjà : renforcer les réglementations et les standards concernant la consommation énergétique des bâtiments et rendre obligatoire l'atteinte de certains seuils de consommation ; mettre en place des financements spécifiques ; développer le marché des produits et des services dédiés à la construction durable ; rassembler des experts dans toutes les disciplines liées à la construction pour accélérer l'innovation ; conduire des expériences au niveau de petits ensembles urbains afin de créer des zones à « zéro énergie ». Sur le papier, cet ensemble d'actions est pertinent, reste à les mettre en œuvre de façon concrète.

Sur ce sujet, la France n'est pas en reste. La loi sur la transition énergétique adoptée en août 2015[1] stipule, dans son article 1er, que notre pays « doit disposer d'un parc immobilier dont l'ensemble des bâtiments sont rénovés en fonction des normes bâtiments basse consommation ou assimilées, à l'horizon 2050, en menant une politique de rénovation thermique des logements concernant majoritairement les ménages aux revenus modestes ». La France se donnait pour objectif de rénover énergétiquement 500 000 logements

1. Loi n° 2015-992 du 17 août 2015 « relative à la transition énergétique pour la croissance verte ».

par an à partir de 2017. Pour un ensemble de raisons, cet objectif n'a pas été tenu, en particulier dans le parc privé. Selon diverses estimations, le nombre de logements rénovés entre 2016 et 2018 atteint 300 000. Ce sont les bailleurs sociaux qui, pour l'instant, se montrent les plus volontaires avec un rythme d'environ 110 000 logements rénovés par an, selon les chiffres de l'Union pour l'habitat qui rassemble l'ensemble des organismes HLM français. L'obstacle majeur est naturellement le coût de ces opérations : les chiffres varient beaucoup d'un logement à l'autre, et la Convention citoyenne pour le climat estime que la rénovation énergétique représente entre 20 et 80 % du coût de rénovation d'un logement, estimé entre 12 800 et 40 000 euros par unité.

Accélérer la rénovation énergétique des bâtiments en milieu urbain : le signal prix et la réglementation

Comment passer à la vitesse supérieure ? Reprenons le problème à la base. Réduire drastiquement la consommation énergétique et l'empreinte carbone des bâtiments est possible en agissant sur différents leviers. Il y en a en fait deux principaux qui peuvent se combiner avec de multiples variantes : le signal prix et la réglementation.

Le signal prix est majeur. Il peut prendre la forme de ce fameux prix du carbone dont tous les économistes s'accordent sur le fait que c'est le premier instrument dont le monde a besoin pour lutter contre le dérèglement climatique. Il peut se décliner de différentes façons, mais l'idée de base est de donner un prix aux externalités que constituent les émissions de CO_2. On applique ainsi soit le principe du pollueur-payeur, soit l'inverse, en aidant financièrement celui qui fait faire des économies de CO_2. Dans le cas qui nous intéresse, celui des bâtiments, mais c'est aussi le cas pour la mobilité, la première manière et la plus simple d'envoyer un signal prix, c'est la taxe carbone. Radical mais efficace. On applique une contribution obligatoire à chaque tonne de gaz à effet de serre émise dans l'atmosphère. Si l'on veut diminuer les émissions de carbone, il faut les rendre chères en les taxant, afin d'inciter les acteurs économiques à hâter leur transition vers d'autres formes d'énergie ou à ralentir drastiquement leur consommation d'énergies fossiles. Et le produit de cette taxe procurera des ressources financières qui devraient alimenter les actions de lutte contre le dérèglement climatique. Appliquée au bâtiment, cette taxe conduirait à augmenter en moyenne le coût de l'énergie pour les habitants puisque, à lui seul, le chauffage représente 70 % de la consommation d'énergie finale dans le bâtiment résidentiel. Une démarche difficile à mettre en œuvre, pour des raisons évidentes de pouvoir d'achat des ménages modestes qui sont ceux justement qui habitent dans les logements les plus consommateurs. Le mouvement des gilets jaunes a révélé l'extrême sensibilité de l'opinion publique aux prix de l'énergie même si, aujourd'hui, des équivalents à la taxe carbone sont déjà appliqués largement aux prix du carburant, mais aussi aux prix des automobiles par le biais des « malus » qui frappent les véhicules les plus consommateurs. Augmenter sensiblement les prix de l'électricité, du gaz ou du fuel utilisés dans le chauffage des logements aurait probablement un effet direct fort sur le rythme de rénovation, mais l'acceptabilité sociale d'une telle mesure serait aujourd'hui en France très faible. Gageons qu'on y reviendra un jour : les Suédois l'ont mis en place avec beaucoup de succès, toutefois ils y ont longuement préparé leur opinion publique et ont affecté son produit directement à la transition énergétique, ce qui n'a pas été très bien expliqué aux Français et qui fait une grosse différence.

La deuxième manière de donner un signal prix est d'octroyer des subventions, des crédits d'impôts, des primes pour inciter les propriétaires à rénover leurs logements, en aidant en quelque sorte la réduction des émissions de CO_2. C'est une politique qui a été mise en œuvre en France ces dernières années, mais pas toujours de façon pérenne et donc avec un défaut de lisibilité. Le quinquennat actuel n'est pas en reste. En 2018, le gouvernement a mis en œuvre une nouvelle « feuille de route » afin de faire de la rénovation énergétique des bâtiments « une priorité nationale » moyennant 14 milliards d'euros de soutien public et en primes sur la durée du quinquennat, complétés par 5 milliards d'euros de certificats d'économie d'énergie[1] directement utilisés pour financer des travaux de rénovation énergétique. L'Agence nationale pour l'amélioration de l'habitat (Anah) dispose d'une enveloppe de 1,2 milliard d'euros pour venir en aide aux foyers modestes, des financements sont aussi fléchés vers les bailleurs sociaux et vers l'amélioration des performances des bâtiments d'État. Le montant total des aides publiques pour la rénovation énergétique a atteint 4,5 milliards d'euros en 2018 et 3,8 milliards en 2019. Mais il faut garder en tête les enjeux financiers globaux de la rénovation : rénover 500 000 logements par an représente un investissement compris entre 10 et 15 milliards d'euros, selon le niveau de performance énergétique que l'on veut atteindre. La crise de la Covid-19 devrait permettre d'allouer à cette politique des moyens en augmentation sensible et de lui donner de nouvelles inflexions. J'y reviendrai.

1. Les certificats d'économie d'énergie (CEE) sont un mécanisme par lequel les énergéticiens sont amenés à financer les travaux d'économie d'énergie dans le bâtiment en collectant des certificats de travaux ou à défaut en payant des pénalités. Ce système qui a donné lieu à certains abus, très médiatisés mais aussi très minoritaires, aurait mérité d'être amplifié dans le cadre des mesures du plan de relance. Les autorités européennes l'ont identifié comme une bonne pratique et poussent les autres pays à imiter la France. Dans la pratique, ce système vertueux fonctionne un peu comme une taxe carbone qui ne dit pas son nom, dans la mesure où les énergéticiens en répercutent le coût dans leurs prix. Et il intervient en complément des aides (du type MaPrimeRenov) allégeant d'autant le budget de l'État.

Réglementer, jusqu'où ?

Le deuxième grand outil pour intensifier l'effort de rénovation énergétique est celui de la réglementation qui prend le relais ou complète les standards, labels volontaires ou normes professionnelles. Dans ce domaine, les initiatives n'ont pas manqué, que ce soit en France ou au niveau européen, et d'autres sont en préparation. C'est un mode d'action parfois critiqué mais qui peut être très efficace. Il trouve son champ d'action le plus naturel pour les logements neufs, objet de directives successives de la Commission européenne, dont la dernière de 2010 a été traduite en France dans la réglementation qui s'applique aujourd'hui, la RT 2012 (la première norme de ce type a été édictée en 1974, après le premier choc pétrolier). La RT 2012 est obligatoire depuis le 1er janvier 2013 et vise à limiter la consommation d'énergie primaire des bâtiments neufs à un maximum de 50 kWhEP par mètre carré et par an en moyenne, et la conformité des bâtiments à ces normes fait l'objet de contrôles et d'une attestation de prise en compte à la demande de permis de construire et à l'achèvement des travaux. La limitation de la consommation d'énergie nécessite de revoir l'ensemble de la conception du bâtiment et de traiter des problèmes comme la perméabilité à l'air des bâtiments, les surfaces de vitrage, le traitement des ponts thermiques ou le recours aux énergies renouvelables. Elle a permis à l'ensemble de la chaîne de la construction d'améliorer ses compétences qu'il s'agisse des architectes, des bureaux d'études, des industriels, des entreprises de BTP ou des artisans. Elle s'est donc révélée globalement efficace, même si elle ne porte que sur les bâtiments neufs.

Cela a conduit les pouvoirs publics français à passer à la vitesse supérieure et à préparer une nouvelle réglementation, dite RE2020 qui devrait entrer en vigueur cette année. Ses objectifs sont ambitieux puisqu'elle vise à réduire de 30 % la consommation d'énergie des nouvelles constructions par rapport à la norme antérieure. Cette nouvelle réglementation s'inscrit dans la volonté du gouvernement d'atteindre la neutralité carbone d'ici 2050. Dire que la RE2020 fait l'unanimité dans le monde de la construction serait exagéré. Sa mise en œuvre a d'ailleurs été décalée. Sans entrer dans trop de détails techniques, cette norme limite de façon drastique les émissions de gaz à effet de serre des bâtiments (4 kilos d'équivalent CO_2 par mètre carré et par an pour les maisons individuelles, 14 kilos pour le logement collectif dès 2021 et 6 kilos à partir de 2024), ce qui exclut quasiment le gaz comme source d'énergie et à plus forte raison le fuel, au profit notamment du chauffage par granulés de bois, mais surtout de l'électricité. Et c'est précisément l'un des sujets de polémique, s'agissant notamment du contenu carbone du chauffage électrique (surtout en période de pointe) et du coefficient d'énergie primaire dans l'électricité, dont dépend l'empreinte carbone finale des bâtiments. Ceux qui critiquent cet élément de la RE2020 soutiennent que l'on fait la part trop belle à l'électricité en ne lui imposant pas de critères de décarbonation assez stricts. Ce qui me paraît majeur, c'est de ne pas considérer que le passage à l'électricité exonère de la nécessité d'isoler et d'améliorer l'efficacité énergétique. Même si dans le cas français où l'électricité de base, d'origine principalement nucléaire, émet très peu de CO_2, le chauffage augmente les besoins de pointe qui ne peuvent être satisfaits qu'avec une électricité beaucoup plus carbonée. Je note simplement qu'à l'heure où j'écris ces lignes, le contenu final de la RE2020 n'est pas encore totalement défini, en particulier sur les capacités d'un bâtiment à devenir à terme à énergie positive, un concept qui me paraît d'ailleurs aller un peu loin si on l'applique à tous les bâtiments et que l'on devrait plutôt envisager à l'échelle d'un quartier.

Ces exigences en matière d'efficacité énergétique des bâtiments reflètent bien les débats d'aujourd'hui sur la trajectoire qui doit nous mener vers la neutralité carbone. Elle doit s'inscrire dans une logique économique, financière, technologique, mais aussi sociale. Quelle serait l'utilité de bâtiments vertueux sur le plan énergétique qui ne seraient accessibles qu'aux ménages les plus aisés ? La question se pose notamment concernant les recommandations de la

Convention citoyenne pour le climat qui s'est naturellement penchée sur la rénovation énergétique des bâtiments, et notamment du parc existant. Elle propose : la généralisation du concept bas carbone et énergie positive à l'ensemble du parc immobilier résidentiel, tertiaire et industriel ; de rendre obligatoire la rénovation énergétique des bâtiments à l'horizon 2040 (avec changement obligatoire des chaudières au fuel d'ici à 2030 et interdiction des baux dans certaines conditions à partir de 2024) ; de réduire le recours au chauffage et à la climatisation dans les logements et les bâtiments tertiaires (température maximale à 19 °C en hiver, climatisation seulement au-delà de 30 °C). Ces propositions s'inscrivent dans une démarche très volontariste et supposent un rythme de rénovation du parc existant qui me semble difficile à atteindre. La Convention évoque le chiffre de 20 millions de logements à rénover de façon obligatoire d'ici 2040. Cela voudrait dire que l'on devrait rénover un million de logements par an au cours de ces vingt prochaines années, alors que nous n'en sommes aujourd'hui qu'à environ 300 000. Par ailleurs, en ce qui concerne les bâtiments résidentiels privés, l'obligation de rénovation ne relève pas de l'évidence et heurte beaucoup de sensibilités en donnant à l'écologie un caractère punitif qui ne me paraît pas souhaitable. Que l'on me comprenne bien : je suis convaincu qu'on viendra à terme à cette notion d'obligation (pour des raisons de lutte contre le changement climatique) comme on l'a vécu (pour des raisons d'esthétisme) avec l'obligation de ravalement introduite par André Malraux ou (pour des raisons de santé publique) avec les obligations en matière d'assainissement. Mais je pense que cela doit être très progressif, qu'il faut préparer et accompagner l'opinion (comme pour la taxe carbone) et surtout essayer de lui donner un contenu plus positif et incitatif. Le vocabulaire est important : plutôt que d'obligation de rénovation, les autorités européennes parlent, elles, d'exigence minimale de performance énergétique des bâtiments. C'est déjà beaucoup mieux. Et il faut le faire progressivement et par des incitations en donnant de la visibilité dans le temps au lieu de mettre l'accent sur la coercition et la sanction. Notamment aux moments clés de la vie des biens, les mutations ou les changements de locataire. Le projet de loi pour le climat, pour ce que l'on en connaît au moment où j'écris ces lignes est ainsi très prudent sur l'introduction de l'obligation de rénovation. Il préfère avancer doucement plutôt que de subir un blocage comme dans le cas de la taxe carbone.

La transition énergétique au cœur des plans de relance postpandémie. L'exemple français : mieux informer et mieux former

Je pense pour ma part que les esprits avancent vite. La crise a fait le lien dans l'opinion publique entre la santé, l'environnement et la protection de la planète. Elle a interrogé sur la densité urbaine, la suroccupation des logements, le partage de l'espace et les conditions d'habitat en ville. C'est la raison pour laquelle les différents gouvernements, en Europe d'abord puis aux États-Unis avec la nouvelle administration démocrate, ont fait de la transition énergétique et donc de la rénovation environnementale en général, et énergétique en particulier, l'un des axes majeurs des plans de relance. J'ai eu la chance de participer à une *task force* consacrée à la rénovation énergétique des bâtiments, qui s'est réunie entre juin et juillet 2020, à la demande de la ministre du Logement, Emmanuelle Wargon, pour proposer des mesures nouvelles. Nous sommes partis d'abord d'un certain nombre de constats partagés :

• Les citoyens sont « perdus » face à la rénovation de leur logement, compte tenu de l'ensemble des démarches qu'il faut mettre en œuvre : ils commencent par penser que ce n'est pas pour eux ; s'ils arrivent à être convaincus, lancer le processus et trouver les financements est une deuxième étape difficile et ils peuvent devenir des consommateurs déçus par leurs travaux et les économies d'énergie réalisées. Au total, les travaux de rénovation énergétique ne sont pas vécus comme ludiques, à peine comme une amélioration du confort, et souvent comme particulièrement contraignants.

• Le labyrinthe des aides est d'autant plus complexe à appréhender qu'il a sans cesse évolué, ce qui a nui à la lisibilité de ces procédures. L'une des demandes les plus consensuelles, est celle d'une inscription des aides dans la durée.

• La rénovation a été encouragée par des dispositifs « coups de pouce », qui ont conduit à une sorte de rénovation par « gestes » qui, même s'ils ont permis des progrès notables et doivent être pérennisés, ne se sont pas inscrits dans un parcours et sont donc demeurés incomplets.

• La rénovation énergétique est bien souvent évoquée dans les médias et dans les politiques publiques sous un angle négatif, celui de la lutte contre la précarité énergétique et contre les « passoires » thermiques, ce qui exclut de fait de l'accompagnement financier des logements qui, pour n'être pas des « passoires », nécessitent néanmoins que leurs performances soient améliorées. La rénovation énergétique est un chantier national, qui concerne tous les bâtiments et tous les ménages, des plus modestes aux plus aisés.

• Les pouvoirs publics devraient donner plus l'exemple en engageant un vaste plan de rénovation des bâtiments publics qui ferait réaliser des économies de fonctionnement et serait un bon usage des crédits d'investissement, obtenus avec des taux d'intérêt très bas. Cela, en ayant en tête que le taux d'actualisation de la puissance publique (État et collectivités locales) est très différent de celui des autres agents économiques. Ce constat est celui sur lequel le consensus a été le plus rapide et qui a constitué de fait une des composantes les plus importantes du plan annoncé en septembre.

• Un enjeu important concerne les copropriétés privées, qui représentent 28 % du parc, dont les processus de décision sont spécifiques et qui nécessitent un certain consensus entre les propriétaires pour faire voter et réaliser des travaux de rénovation qui sont coûteux. Il est donc nécessaire de déployer des efforts de pédagogie particuliers, s'agissant notamment des procédures d'aides ouvertes à ces copropriétés. D'autant qu'un certain nombre d'entre elles sont fragiles, voire en difficulté. Selon l'Insee, environ une copropriété sur deux déplore l'existence d'impayés de charges, dont 4,4 % sont qualifiés de « nombreux et importants ».

Fort de ces constats, la *task force* a donc émis un certain nombre de propositions, dont certaines sont trop techniques pour être détaillées ici (une bonne partie ayant été *in fine* retenue par le gouvernement), mais qui visent en particulier à créer les conditions d'acceptation d'une accélération de la route vers l'obligation :

• Faire mieux connaître la rénovation énergétique aux Français afin de « dédramatiser » le sujet. Les campagnes de communication menées jusqu'à présent n'ont pas été assez percutantes et pas assez nombreuses. Plus que sur la notion de performance énergétique, il faut insister sur le confort que procure à ses occupants un logement bien isolé, peu gourmand en énergie. La rénovation énergétique, c'est pour tout le monde...

• Orienter les consommateurs vers les opérations les plus efficaces sur le long terme, des opérations de rénovation globale, en leur donnant l'accès aux aides de type MaPrimRenov et en asseyant ces aides sur un véritable audit du logement. Certes, il existe déjà le diagnostic de performance énergétique (DPE), un instrument de mesure réglementaire, mais il pourrait être complété par un audit énergétique aidant les propriétaires de logement à établir des scénarios d'investissements afin qu'ils aient une vision globale des opérations à mener. À partir de 2022 certains logements seront soumis à cet audit, en plus de la DPE, lors d'une mutation, avec obligation de réaliser des travaux dans les cinq ans. Les aides doivent être articulées en fonction de l'impact énergétique de la rénovation. Nous avons également préconisé de rendre obligatoire tous les quinze ans un diagnostic technique global pour les copropriétés, qui ouvrirait à un programme pluriannuel de travaux.

• Clarifier et simplifier le système d'accompagnement financier en créant une sorte d'aide universelle à la rénovation énergétique avec la mise en place d'un quasi-système de « tiers payant » afin de limiter le reste à charge. Chaque ménage, propriétaire occupant ou bailleur, classes précaires et ménages aisés, doit avoir accès à une aide.

Une clé de réussite de ce schéma réside dans la facilitation de l'accès aux crédits privés pour la rénovation, en attirant l'attention sur deux enjeux en particulier :

• Les ménages réalisent souvent leurs travaux de rénovation lors d'une mutation. C'est le moment où ils s'engagent dans un projet d'investissement lourd. Dès lors, tous les freins au crédit immobilier ont aussi un impact sur la rénovation.

• S'agissant des copropriétés, le syndicat de copropriétaires doit pouvoir retrouver des marges de manœuvre dans la gestion financière des travaux et une capacité d'endettement, pour contracter un emprunt bancaire. Le syndicat de copropriétaires pourrait ainsi financer par cet emprunt un programme pluriannuel de travaux. Il s'agit bien de donner la personnalité morale au syndicat des copropriétaires. Il faudra aussi repenser leurs outils de financement, avec notamment la création d'un livret de développement durable attaché au syndicat de copropriétaires, qui permette de placer le fonds travaux de la copropriété. Il serait d'ailleurs souhaitable de réorienter, au moins en partie, l'affectation de l'épargne de ces livrets de développement durable, vers le financement de la rénovation du parc privé.

Le projet de loi Climat qui vient d'être déposé reprend bon nombre de ces propositions, même si je pense que sur certains sujets on aurait pu aller un peu plus loin.

On le constate à la lecture de ces lignes : la rénovation énergétique peut contribuer massivement à la transformation des villes en y rendant les conditions de résidence plus confortables tout en réduisant l'empreinte carbone de la ville. C'est un enjeu politique, économique, financier et citoyen. Mais c'est aussi un enjeu technologique de première importance pour lequel l'ensemble des acteurs de la ville doivent se mobiliser.

CHAPITRE 7

Mobiliser l'ensemble des technologies pour reconstruire une ville durable

J'ai évoqué, dans un chapitre précédent la « ville intelligente » et les nouvelles technologies auxquelles elle fait appel, et qui sont liées à l'exploitation du Big Data et à l'intelligence artificielle. Le pouvoir d'attraction et de médiatisation de ces outils est naturellement proportionnel à la puissance et aux performances des grandes entreprises de la Tech qui les ont conçues et développées. Mais l'ensemble de la filière de la construction est aussi entré dans l'ère des nouvelles technologies qui, même si l'on en parle peu, n'en sont pas moins structurantes dans la transformation de la ville et dans la diminution de son empreinte carbone. Ces technologies participent pleinement de la ville durable car, si l'on sait mieux construire et que ce que l'on construit est efficace sur le plan énergétique, le confort des urbains en sera grandement amélioré. Ces nouvelles technologies empruntent au monde numérique, mais pas exclusivement. Elles concernent aussi bien la façon de construire que la conception des matériaux.

Vers une révolution des modes de construction

Je ne m'attarderai pas sur le concept désormais bien connu de la maquette numérique que les spécialistes appellent le *building information modelling* (BIM), et qui se déploie de plus en plus largement dans le monde de la construction. Pour faire court, cela revient à supprimer les plans papier au profit de plans informatisés en 3D. Le BIM consiste en une suite de processus qui permettent de suivre la vie d'un bâtiment depuis sa conception jusqu'à son utilisation, en passant par la phase de construction. Ces modèles virtuels rendent possible la réalisation d'un certain nombre d'analyses, de mesures et de simulations sur les fonctions essentielles du bâtiment, qu'il s'agisse des performances de sa structure ou de ses consommations d'énergie. Et la maquette numérique permet une collaboration en temps réel et donc une meilleure coordination entre tous les intervenants d'un projet.

Les évolutions prennent corps beaucoup plus rapidement : la maquette numérique d'un programme de construction intègre beaucoup plus vite les nouvelles données, la 3D offre des angles de vision supplémentaires et tous les acteurs peuvent échanger en temps réel et suivre l'évolution du projet. Grâce au numérique, nous travaillons de manière beaucoup plus globale. Un autre bénéfice du numérique est qu'il rend accessible à tous les acteurs les informations concernant la performance et l'impact des solutions choisies – je crois personnellement beaucoup à l'idée que, pour réduire l'impact d'un bâtiment, il faut d'abord pouvoir connaître précisément cet impact !

Une autre tendance commence à se faire jour : la construction hors site. Cela revient à construire des éléments d'un bâtiment non sur le chantier, mais dans une usine ou un atelier, avant de les assembler sur site. Les avantages de cette méthode sont assez évidents : réduction des nuisances acoustiques sur les chantiers, pour la plus grande satisfaction des riverains ; diminution des délais de construction, la météo n'étant plus un problème ; abaissement des risques de malfaçon grâce à un contrôle qualité plus facile à mettre en œuvre ; amélioration des conditions de travail, les salariés n'étant plus exposés aux rigueurs de l'hiver ou aux intempéries. La construction hors site produirait de 50 à 70 % de gains de productivité, selon l'Observatoire de la construction tech, dans une étude réalisée en juin 2019. Même si cette technique se développe moins rapidement en France que dans d'autres pays, car elle remet en cause des habitudes anciennes et surtout le principe même du chantier, sur lequel s'érige le bâtiment « de A à Z », la construction hors site est prometteuse. Elle réduit en effet les externalités négatives d'un chantier de construction. Surtout, elle permet une approche modulaire de l'acte de construire, que j'ai déjà évoquée plus haut, et qui est une tendance de fond. J'observe que les grands constructeurs s'y mettent. Saint-Gobain a ainsi acquis en 2017 la société écossaise Scotframe qui fabrique des structures de bois en kits pour des maisons individuelles, mais aussi des fenêtres, des escaliers, des éléments d'isolation, dans deux usines situées à Aberdeen et Glasgow, et cette politique s'est poursuivie en Allemagne en 2020.

Toujours dans cette même logique de baisse des coûts et de raccourcissement des délais, je note les progrès réguliers de l'impression 3D qui permet d'ores et déjà de produire des bâtiments entiers, comme le montrent certaines expériences réalisées à Dubaï, en Chine, en Italie et en France, où plusieurs start-up se sont créées autour de ce concept. L'Arabie saoudite prévoit même d'« imprimer » 1,5 million de maisons d'ici dix ans. Les grands industriels de la construction s'intéressent de près à cette technologie, y compris Saint-Gobain. La 3D béton promet une vitesse de réalisation supérieure et un prix inférieur à la construction traditionnelle. Ce n'est pas encore le cas aujourd'hui. En revanche, en utilisant trois fois moins de matières premières, elle se veut écologique. Elle autorise également une grande audace dans les formes. Est-ce la solution de construction de l'avenir ? Il est encore un peu tôt pour le dire. C'est une technologie prometteuse et qui peut contribuer à diminuer l'empreinte carbone de l'acte de construire, probablement pas pour des constructions de masse mais pour des projets particuliers, à haute valeur ajoutée, et à condition que les technologies d'impression améliorent encore leurs performances.

La ville à l'heure de l'économie circulaire

La ville durable sera également celle qui saura le mieux organiser le tri et le recyclage des déchets, et mettre en œuvre les dispositifs de l'économie circulaire. Le bâtiment est particulièrement concerné par le sujet. En France, le bâtiment et les travaux publics génèrent plus de 220 millions de tonnes de déchets par an, soit environ 69 % de l'ensemble des déchets français[1]. Plus des deux tiers de ces tonnages sont produits par les travaux publics, mais le bâtiment en représente tout de même plus de 40 millions de tonnes par

1. Source : Ademe, « Les chiffre clés des déchets », avril 2020.

an, dont 25 millions liées à la démolition, 11 millions à la réhabilitation et 4 millions à la construction. Aujourd'hui, environ 30 % des déchets du bâtiment sont recyclés. Même si des progrès considérables ont été accomplis ces dernières années, c'est encore insuffisant. Dans la logique de l'économie circulaire, le recyclage et la valorisation de ces déchets de chantiers constituent un enjeu considérable. La directive-cadre européenne révisée de 2008 est le texte de référence de la politique de gestion des déchets. Elle impose des objectifs de recyclage, de réemploi et de valorisation des déchets du BTP. En France la loi AGEC (antigaspillage et pour l'économie circulaire) a instauré également toute une série de règles. Surtout, les acteurs de la filière ont pris des d'initiatives. C'est le cas notamment concernant le béton. Près de 80 % des tonnages provenant de la déconstruction sont déjà valorisés. Je note aussi le développement de la production de bétons composés à 100 % de matières recyclées, (gravats de déconstruction ou sables de fonderie, par exemple) qui présentent les mêmes caractéristiques qu'un béton classique. Le recyclage des fenêtres fait aussi l'objet de nouvelles approches (on estime qu'en Europe, seules 5 % d'entre elles sont recyclées), de même que la réparation et le réemploi des palettes en bois usagées. La transformation des déchets de plâtre en gypse pour la fabrication de nouvelles plaques s'organise en véritables filières professionnelles. Saint-Gobain a fait de l'économie circulaire une priorité en matière de gestion durable des ressources et s'est fixé pour objectif de diminuer de moitié ses déchets de production non valorisés à l'horizon 2025. Nous avons mis au point des processus d'économie circulaire dans tous nos métiers, et nous avons notamment créé la première filière française de recyclage des déchets à base de plâtre. Dans la production de verre, l'utilisation de calcin (verre usagé) permet aussi de réduire la consommation d'énergie et donc les émissions de CO_2 par rapport à l'utilisation de matières vierges. Mais nous recyclons aussi de la laine de verre récupérée lors des démolitions. L'enjeu est de construire bien dès le début, sans gaspillage, d'anticiper la déconstruction pour la faciliter et de considérer le bâtiment comme une banque de matériaux. L'ensemble de ces technologies participe donc à part entière à l'habitat durable.

Au cœur de l'économie circulaire appliquée à la performance énergétique des bâtiments figure aussi l'exploitation du potentiel calorifique des eaux usées. La température moyenne des effluents urbains varie entre 12 et 25 °C, et il est désormais possible de récupérer cette chaleur pour chauffer ou refroidir des bâtiments. De nouvelles techniques permettent de récupérer la chaleur des eaux usées pour chauffer en hiver et refroidir en été. Le procédé repose sur un échangeur en inox qui transfère les calories des eaux usées à un réseau de chaleur, le tout raccordé à une pompe à chaleur. Ce système permet de réduire de 30 à 70 % les émissions de CO_2 dues au chauffage ou au refroidissement des bâtiments et de promouvoir un chauffage économe en énergie.

Et, comme dans cette bataille pour la limitation de l'empreinte carbone du BTP chaque geste compte, la gestion même des chantiers doit être conduite dans cette recherche permanente d'efficacité et de frugalité, jusque dans les moindres détails. Un tiers des émissions totales des chantiers sont liés à leur consommation de gasoil. Encore faut-il la connaître avec précision et analyser ces données afin d'identifier le potentiel de réduction de ces consommations, notamment par l'utilisation d'objets connectés. Une start-up française, Hiboo, s'est lancée dans cette activité avec succès. Ses observations sur le terrain font apparaître que l'une des causes majeures d'émissions de CO_2 provient du taux de ralenti élevé des matériels, 40 % de leur temps en général, ce qui représente une consommation de 2 400 litres par an et par machine. Réduire ce temps de ralenti de 40 à 30 % se traduit par une économie de 600 litres par machine, ce qui, sur un parc de 1 000 machines entraîne une réduction de 1 900 tonnes des émissions de CO_2. En matière de décarbonation, il n'y a donc pas de « petits » gestes.

Enfin, s'il est un domaine dans lequel elles ont progressé de façon spectaculaire, c'est bien dans celui des matériaux. C'est un secteur que je connais particulièrement bien puisque c'est celui de Saint-Gobain, fondé grâce à Colbert en 1665 pour développer une technologie française des glaces dont les Vénitiens détenaient alors le monopole de fait en Europe. Je n'écris pas ce livre pour dresser le catalogue des produits Saint-Gobain qui participent de la réduction de l'empreinte carbone des bâtiments, même s'ils sont nombreux. Mais tout de même, il est bon de réaliser les progrès réalisés par la recherche française ces dernières années, et notamment celle de Saint-Gobain, au service de la ville durable. Même si nous ne sommes pas engagés directement dans l'acte de construire, nous sommes parmi ceux qui fournissent les matériaux, et nous sommes donc à ce titre un acteur de la ville à part entière. Une maison bien isolée améliore par construction son efficacité énergétique. Un mot sur le processus de l'isolation : améliorer la résistance d'un bâtiment aux agressions climatiques extérieures, s'agissant des températures, du vent, de l'effet du soleil, c'est d'abord travailler sur son enveloppe : le toit, les murs, les fenêtres, les planchers. Et comme la chaleur monte, le plus rentable à court terme est de s'attaquer au toit, d'où la priorité mise ces dernières années sur l'isolation des combles.

Rechercher et développer des matériaux qui protègent la planète tout en améliorant le confort des habitants

Saint-Gobain conçoit, produit et distribue des matériaux qui se trouvent partout dans notre habitat et notre vie quotidienne : bâtiments, transports, infrastructures ainsi que de nombreuses applications industrielles. Ils apportent confort, performance et sécurité tout en répondant aux défis de la gestion efficace des ressources, du changement climatique et bien sûr de la construction durable. Il se trouve que la construction est aujourd'hui le point focal de tendances très fortes que j'ai décrites dans les chapitres précédents : le boom démographique sans précédent, qui renforce la vague d'urbanisation et qui oblige à construire – ou rénover – des millions de logements et de lieux de vie au sens large, partout dans le monde. Il y a ensuite l'urgence climatique : on ne peut plus construire sans tenir compte de la lutte contre le réchauffement de la planète et des moyens nécessaires à mettre en place pour tenir les objectifs de la COP21. Il y a encore la gestion des ressources de la planète : Saint-Gobain fabrique des matériaux et a recours à des ressources naturelles dont certaines ne sont pas inépuisables. Il y a enfin le bien-être des personnes : de plus en plus de contraintes pèsent sur la construction, mais cela ne doit surtout pas se faire au détriment du confort des individus. Au contraire même : ils souhaitent vivre et travailler dans un environnement toujours plus agréable. Il nous revient donc d'accompagner toutes ces grandes tendances qui correspondent aussi à des mutations pour un groupe industriel comme le nôtre.

Parmi les innovations récentes proposées par Saint-Gobain on peut citer notre nouvelle laine de verre avec un liant 100 % biosourcé, nos plaques de plâtre allégées dans des proportions considérables, avec à la clé un contenu carbone réduit, nos nouveaux vitrages qui permettent un gain d'efficacité énergétique de 20 %. Nous en sommes aujourd'hui à la troisième génération de verre qui nous a permis de passer du verre neutre au verre passif, et aujourd'hui au vitrage actif, électrochromé avec des impulsions électriques qui permettent de le foncer ou de l'éclairer selon l'intensité de la lumière et de la chaleur extérieures. Pour faire simple, les couches basses émissives empêchent la chaleur de sortir et les couches supérieures stoppent la chaleur qui entre. Alors que voici quelques années, le verre était considéré comme l'exemple même de la passoire thermique, il est aujourd'hui un isolant très performant, ce qui conduit d'ailleurs à améliorer l'isolation d'une maison en augmentant la taille des fenêtres, ce qui, il y a peu, pouvait être considéré comme une hérésie. Nous avons aussi mesuré qu'en trois mois, un double vitrage isolant permettait de compenser les émissions de gaz à effet de serre liées à sa production : nous innovons donc en éco-concevant les produits et en envisageant l'ensemble de leur cycle de vie. Et ces performances sont loin d'être figées : un produit sur quatre que nous vendons aujourd'hui n'existait pas il y a cinq ans, ce qui veut dire que 25 % des solutions que nous proposons – tous métiers confondus – sont entièrement renouvelées tous les cinq ans. Nous misons énormément sur la R&D pour élaborer de nouveaux produits, développer de nouveaux matériaux, et optimiser l'empreinte carbone globale de nos solutions. Il faut bien avoir à l'esprit que si les technologies numériques sont importantes dans tous les domaines et irriguent de plus en plus le monde de la construction, contrairement à ce que l'on entend parfois, elles ne peuvent pas tout. L'efficacité énergétique c'est d'abord l'enveloppe du bâtiment et donc cela restera d'abord des matériaux au service d'un bâti de qualité : une passoire thermique équipée d'outils numériques de mesure, les plus sophistiqués soient-ils, sera toujours une passoire thermique et la meilleure énergie est celle qu'on ne dépense pas, avant même de savoir si on pourrait la monitorer ou pas.

En contribuant à diminuer l'empreinte carbone des bâtiments, et donc de la ville, nos matériaux contribuent aussi à l'amélioration de la santé de ceux qui les occupent. La manière dont on construit et le choix des matériaux ont un impact direct sur le ressenti des personnes. Prenons le confort acoustique : on s'aperçoit, quand les environnements sont moins bruyants, que les gens travaillent de façon plus productive et sont moins stressés. Il en va de même pour le confort visuel : l'accès à la lumière naturelle est essentiel au bien-être et permet par exemple de réduire l'absentéisme dans un environnement de bureaux. Il y a aussi la qualité de l'air, favorisée par des solutions comme des plaques de plâtre ou des revêtements muraux qui absorbent les composés organiques volatils. Ces questions se situent au cœur de notre stratégie, car elles placent l'utilisateur des solutions au cœur de nos innovations. Nous avons labellisé cette approche « Multi-Confort », convaincus qu'il faut prendre en compte l'ensemble des composantes du confort et du bien-être pour proposer les meilleures solutions, adaptées aux besoins de chacun, où qu'il se trouve. Si les enjeux de santé sont à ce point au cœur de la construction durable, c'est parce que l'on a compris que la recherche de confort aujourd'hui et les enjeux de développement durable à long terme, loin de s'opposer, étaient complémentaires : confort et sobriété peuvent paraître antinomiques au départ, mais préserver la santé des individus et la planète pour les générations futures procède d'une seule et même démarche.

À l'occasion de débats ou de tables rondes sur la ville de demain auxquels je participe, on me pose parfois la question de savoir si ces technologies mises au service de nos villes, en Europe ou aux États-Unis, ne sont pas un facteur d'inégalité vis-à-vis de pays en développement où les besoins de rénovation des bâtiments dans les grandes métropoles sont aussi criants que chez nous. Bien sûr qu'il y a une asymétrie entre les économies émergentes, et les pays développés, dans la façon d'aborder ces problématiques. Mais il ne faut pas non plus systématiquement opposer ces deux univers. D'abord, dans de nombreux pays en voie de développement, on voit émerger une classe moyenne qui ne se contente pas d'un habitat sommaire et qui attend une construction capable de satisfaire à des standards de confort, bien loin du low-cost que l'on peut imaginer. Dans les régions où tout reste encore à construire, il est plus facile de faire bien « du premier coup » : les techniques et les matériaux progressent, la conscience des grands défis à relever aussi. À l'inverse, c'est en Europe, où 75 % des bâtiments ont été construits avant la mise en place de normes d'efficacité énergétique, que les enjeux de rénovation sont immenses : il n'y a pas d'autre choix que de penser « durable » dès le départ. Construire « durable » peut coûter un peu plus cher au début, mais lorsqu'on se projette sur la durée de vie du bâtiment, les bénéfices sont évidents. L'exemple le plus flagrant est la facture énergétique qui va être d'autant plus élevée que le bâtiment lui-même n'aura pas été conçu de façon optimale, et qui sera beaucoup plus faible sur toute la durée de vie d'un bâtiment efficace énergétiquement. Et je dois dire que quel que soit l'endroit de la planète, nos équipes travaillent avec le même souci de fiabilité et de qualité. L'offre de produits et solutions est pensée au plus près des territoires et des besoins locaux, et on ne construit pas de la même façon en France, en Norvège ou en Inde. Nos centres de R&D travaillent ainsi sur des gammes de produits spécifiques, adaptées par exemple aux différents climats. Dans les régions défavorisées, l'amélioration de l'habitat est un moyen d'offrir un futur aux habitants. Nous avons des programmes de recherche spécifiques pour des constructions à bas coût, plus légères et plus accessibles.

Le rôle essentiel des entreprises privées pour créer des villes désirables et durables

Je reviens sur un point que j'ai brièvement évoqué au début de ce livre : le rôle essentiel des entreprises dans la fabrique de la ville durable. Considérer que les perspectives écologiques au sens large entravent l'efficacité des entreprises est une erreur. Les perspectives du marché de la construction sont très porteuses. Saint-Gobain est idéalement positionné pour répondre aux besoins des pays émergents, en Asie-Pacifique, en Inde ou au Moyen-Orient, où ce marché connaît une très forte croissance. Sur les marchés matures, les enjeux liés à la rénovation énergétique nous portent. La demande du marché est là, et les attentes de la communauté financière aussi. Nos résultats solides démontrent la confiance de nos clients qui voient en nous un acteur responsable et perçoivent notre capacité d'innovation et la performance de nos solutions, sur l'ensemble de nos marchés. Le développement durable et la transition énergétique qui y est associée sont de puissants moteurs de croissance.

Pour autant, pendant longtemps, les entreprises, en particulier les industriels, ont été considérées comme un problème, parce qu'ils incarnaient une production de masse, polluante, énergétivore et peu respectueuse des écosystèmes. La tendance s'est renversée : aujourd'hui, l'industrie est de plus en plus vue comme une solution. Les entreprises comme Saint-Gobain apportent des produits innovants au service de la protection de la planète et mettent en œuvre une stratégie offensive pour réduire les émissions de CO_2. Et elles s'engagent à réduire fortement leur empreinte environnementale et elles sont de plus en plus nombreuses à viser à terme la neutralité carbone. Saint-Gobain a pris cet engagement pour 2050 avec une feuille de route précise et des objectifs intermédiaires. Par ailleurs, notre impact actuel, sans attendre 2050, est largement compensé par les bénéfices de nos solutions. Je crois donc très fortement au fait que les entreprises, loin d'être uniquement le problème, sont avant tout une partie de la solution ! La mobilisation des entreprises est essentielle dans la lutte contre le changement climatique. Bien sûr, nous travaillons de concert avec les gouvernements, mais nous savons aussi que leurs engagements et leurs accords ne suffisent pas, et que le rôle joué par les territoires et les collectivités locales devient de plus en plus important. Les gouvernements sont souvent en décalage, en retard par rapport à la société civile. Pour augmenter la production des énergies renouvelables, pour développer des solutions d'efficacité énergétique, pour préserver les ressources naturelles ou encore pour intensifier les programmes de recherche, ce sont les entreprises qui sont en première ligne. Les entreprises sont au contact direct du terrain et plus que jamais elles doivent être écoutées, dans le cadre d'un dialogue renforcé avec tous les acteurs qui œuvrent à la protection de la planète. Nous travaillons d'ailleurs beaucoup avec les ONG, des organismes comme les Green Building Councils ou la Global Alliance for Building and Construction, créée au moment de la COP21. C'est d'autant plus dans notre intérêt que le secteur de la construction est particulièrement morcelé.

Je crois beaucoup au pouvoir de séduction de toutes les technologies que nous développons auprès des jeunes. Nous avons besoin de nouveaux talents et les jeunes générations sont particulièrement sensibilisées aux questions liées à la planète et au climat. Les jeunes que nous recrutons se montrent très intéressés par les questions environnementales. Pour la plupart, c'est même un motif de préoccupation important et déterminant pour le choix de leur futur employeur. C'est une source d'attractivité pour Saint-Gobain. Dans tous les cas de figure, nos futurs collaborateurs ne veulent pas rester à l'écart de ce mouvement. Dans le cadre de leur vie professionnelle, ils souhaitent être associés à des engagements en faveur de la lutte contre le changement climatique. Le mouvement que l'on observe à l'échelle mondiale dans les écoles et les universités est très impressionnant à ce titre. L'enjeu est donc de continuer à travailler pour atteindre nos objectifs ambitieux en matière de carbone, d'économie circulaire, et de maintenir la cohérence entre notre comportement interne et ce pour quoi nous plaidons publiquement et je crois beaucoup à ce que les jeunes vont apporter à l'entreprise.

En matière de rénovation énergétique mais surtout de décarbonation de l'habitat et du bâtiment tertiaire et industriel, les villes et métropoles françaises ont une sorte de montagne à gravir qui est celle du traitement du bâti existant et ancien. Je l'ai expliqué : c'est un sujet qui doit engager la puissance publique, les élus, les citoyens et naturellement les entreprises. Ce qui me rassure, c'est que nous disposons des technologies et des outils de financement qui permettent de franchir dans les quelques années qui viennent une étape décisive. La rénovation des bâtiments est probablement l'opération politique, financière, technique la plus complexe qui ait été entreprise ces dernières années en matière de politique de la ville. L'intérêt de tous est que cette politique réussisse car elle constitue un pan essentiel d'une démarche conduisant à la ville désirable.

CONCLUSION

Rêver la ville de demain et la faire naître

Edmund Bacon, le grand architecte et urbaniste américain qui a dessiné le Philadelphie moderne, disait dans les années 1960 que ses clients étaient les « enfants des écoles ». Et, de fait, il a beaucoup travaillé avec les enfants pour créer une représentation partagée de la ville, sur laquelle il a largement fondé les transformations qu'il a apportées à « Philly ». Peut-être devrions-nous renouer avec la méthode et demander aux enfants de dessiner la ville de leurs rêves puisqu'ils sont appelés à y vivre lorsqu'ils seront adultes. Il y a fort à parier qu'ils nous parleraient de nature, de soleil, de logements largement ouverts sur l'extérieur, d'espaces de jeu, de proximité entre le bureau de papa ou de maman, l'école, et la maison. Si j'étais un enfant, c'est probablement ainsi que je dessinerais la ville rêvée. Cependant la question n'est, à dire vrai, pas tellement de rêver la ville de demain, mais de la faire naître, car je suis convaincu qu'au fond les attentes des humains vis-à-vis de la ville n'ont pas tellement changé avec les siècles : ils veulent à la fois la frénésie et le calme, la rue et le jardin, le chiffon et le livre. Il subsiste dans l'urbain d'aujourd'hui une petite part d'Enkidu, le héros mythique d'Uruk, séduit par les charmes de la ville, mais qu'un lien mystérieux et profond relie encore à la nature dans ce que qu'elle peut avoir de brut mais d'authentique. Dans ce combat, c'est la ville qui a gagné. Les hommes l'ont rejointe en masse, sacrifiant leurs espaces et ressources naturels à cette urbanisation galopante. Ils ont ainsi créé ces vastes ensembles aux contours flous, traversés ou entourés de saignées de bitume, sans véritable plan d'ensemble et livrés à la dictature du béton.

Mais aujourd'hui la « nature » veut reprendre ses droits, elle regimbe sous la charge et nous le fait savoir au travers des signaux de plus en plus clairs qu'elle envoie avec la montée des risques climatiques. La ville est donc à la fois le problème et la solution. Son emprise spatiale et son empreinte carbone sont devenues telles qu'elle fait courir un danger à l'ensemble de nos écosystèmes ; en même temps, elle dispose des ressources, des talents, des savoirs pour apporter des solutions nouvelles aux problèmes qu'elle a elle-même créés.

Au cours de cette plongée dans l'univers de la ville que l'écriture de ce livre m'a permis d'effectuer, j'ai acquis un certain nombre de convictions sur ce qu'il est nécessaire d'engager pour faire de la ville un objet à nouveau désirable.

Réimplanter la nature dans la ville

L'un des sujets les plus fréquemment évoqués dans les débats sur la ville et dans mes échanges avec les architectes et les urbanistes est celui du rapport entre la nature et la ville. Corrigeons d'emblée un malentendu : il ne s'agit pas de faire entrer la nature dans la ville au sens littéral. Lors du confinement, on a vu réapparaître dans certains centres-villes des cerfs, des sangliers et des renards. En Russie ou en Alaska, des ours s'invitent sur les autoroutes ou dans les jardins des résidents. Cela produit des images très télégéniques mais ne peut en aucun cas constituer l'avenir de la ville. La présence des animaux sauvages dans la ville est précisément le résultat de la destruction de leurs habitats naturels à cause de l'urbanisation. Ou de l'abandon de la ville par les hommes, comme à Tchernobyl. La ville ne doit pas s'approprier la nature mais la respecter. Plutôt que de parler de « nature », il faudrait se concentrer sur la présence du « végétal » dans la ville.

Le baron Haussmann avait compris cette aspiration des citadins à la nature en créant des espaces verts dans la ville, sous la forme de squares, de jardins ou de parcs comme le Luxembourg, les Champs-Élysées, l'avenue Foch, le parc Montsouris, le parc Montceau, le parc des Buttes-Chaumont ou les bois de Vincennes et de Boulogne. Un siècle et demi plus tard ces espaces continuent d'être le « poumon vert » de la capitale. Mais la ville les a rattrapés. Il me semble qu'aujourd'hui le végétal ne doit pas être entièrement concentré dans des espaces strictement délimités, mais irriguer la ville sous des formes différentes. La notion d'« espaces verts » ne me paraît plus correspondre à la nécessité non pas de « découper » l'espace urbain mais de l'organiser autour de continuités dont l'une d'elles peut être précisément le végétal. Beaucoup d'architectes travaillent aujourd'hui sur des projets de végétalisation des immeubles, comme à Milan, à Singapour, à New York, dans certaines villes chinoises, mais aussi en France. C'est une idée intéressante, qui suppose néanmoins de se poser la question de la maintenance de ces couvertures végétales et de leur contrôle. À Chengdu, un quartier d'immeubles végétalisés a été envahi par les plantes, les balcons submergés par une marée verte, ce qui a fait fuir une bonne partie des résidents. Végétaliser la ville c'est aussi la rafraîchir en été et améliorer la santé des habitants, car de nombreuses études ont établi un lien direct entre la présence de végétaux et le sentiment de confort et de sérénité des humains. Le végétal en ville doit s'inscrire dans une nouvelle approche du paysage urbain, qui a été bien abîmé ces dernières années. Ce n'est pourtant pas une idée neuve. En son temps, André Le Nôtre a révolutionné non seulement l'art du jardin, mais a inscrit une nature maîtrisée, dessinée, sublimée dans une nouvelle conception de l'espace public, que l'on peut encore admirer aujourd'hui dans les jardins des Tuileries et du Luxembourg dont il a été le concepteur. Dans le paysage urbain de demain, la nature peut s'inscrire dans des formes multiples : coulées vertes, promenades ou berges réaménagées, immeubles végétalisés, cours intérieures transformées en jardins, espaces végétaux à l'intérieur des bâtiments. Ces différentes approches doivent servir le même but : ne pas rompre le lien entre le citadin et la nature, même s'il s'agit d'une nature domestiquée. Et l'impliquer dans le respect de ces espaces, et pourquoi pas dans leur entretien et leur enrichissement.

L'idée de faire revenir en ville des activités agricoles procède de cette logique de rendre les citadins pleinement acteurs d'une nouvelle relation à la nature. De nombreuses expériences sont aujourd'hui en cours, avec des réussites certaines. Les ministères de l'Agriculture et de la Ville ont même lancé une initiative commune, Quartiers fertiles, pour créer une centaine de fermes urbaines dans les quartiers sensibles. Ainsi, à La Savine, près de Marseille, la transformation d'une friche en potager côtoiera une chèvrerie. À Nevers, 10 hectares seront consacrés à des jardins partagés, un poulailler, une forêt jardin et un écopâturage. Paris veut développer une centaine d'hectares de fermes urbaines dans les prochains mois au travers du programme Parisculteurs. Et la capitale abrite un projet pilote dont on a beaucoup parlé, une ferme de 12 000 mètres carrés installée sur le toit du parc des expositions de la porte de Versailles, créée par la société Agripolis. Tous ces projets participent du développement des circuits courts, mais aussi d'une logique pédagogique et participative qui est justement la « signature » de la ville durable. Du jardin au potager, en passant par des espaces de biodiversité, des zones arborées, des friches « gérées », des morceaux de nature agricole ou sauvage, toutes les composantes de la trame verte doivent avoir leur place dans la ville désirable. Ces nouveaux rapports entre la ville et la nature doivent se substituer aux césures qui ont caractérisé la présence du végétal en ville au cours de ces dernières décennies.

Mieux utiliser les « vides » de la ville

Un autre grand débat sur la ville de demain concerne la question de sa densité. Je l'ai déjà évoqué dans les pages qui précèdent. En toute logique, on devrait limiter l'emprise de la ville et donc aller vers davantage de densification. Mais l'attente des résidents est différente : ils sont attachés à leur espace individuel, et privilégient, pour une bonne partie, la maison individuelle au logement collectif. Entre logique verticale (on densifie en construisant en hauteur) et horizontale (on privilégie l'habitat individuel et l'étalement de la ville), il est difficile de trancher de façon définitive, car beaucoup dépend de la situation des villes, de leur densité, de leurs réserves foncières. En revanche, il n'existe pas qu'une seule façon de densifier la ville : on peut multiplier les immeubles de grande hauteur, certes, mais, en France, cette façon de construire n'est guère populaire, en tout cas pas pour installer des logements. On peut surtout mieux utiliser les « vides » de la ville (en particulier ses friches industrielles ou commerciales) pour y implanter de nouveaux quartiers qui répondent à tous les critères de la ville durable.

La rénovation plutôt que la reconstruction

J'ai noté chez les interlocuteurs avec qui j'ai abordé ce sujet, une très grande réserve quant au processus de démolition/reconstruction. D'abord parce que la déconstruction d'un bâtiment crée beaucoup de pollution, en particulier à cause des tonnes de déchets qu'elle produit. Si, comme du temps du baron Haussmann, faire émerger la ville de demain, c'est l'ériger sur les décombres de celle d'hier, cela ne créera rien de désirable. Si l'on veut une ville frugale, freiner les démolitions s'impose comme une évidence. Rénover, réhabiliter, restructurer, reconvertir plutôt que détruire. Pour les investisseurs, ce type d'opération n'est pas antinomique avec une forte création de valeur. La démarche de réhabilitation permet d'augmenter le potentiel d'un bâtiment, de l'adapter à d'autres usages et même de mettre en valeur une qualité architecturale préexistante ou au contraire de sublimer une forme banale, de transformer des espaces, de créer des surfaces supplémentaires et naturellement de remettre le bâtiment dans la course en termes de performance énergétique et environnementale. La réhabilitation et la transformation sont des gestes architecturaux bien connus depuis longtemps, et qui ont notamment permis de rénover totalement des bâtiments industriels désaffectés ou en ruine. Ces opérations doivent pouvoir s'adapter à des projets plus modestes dans l'immobilier tertiaire et résidentiel, comme la transformation d'immeubles de bureaux en logements.

Construire des logements modulables en fonction des besoins

Je ne reviendrai pas sur l'enjeu de la rénovation thermique des bâtiments. Elle est au cœur de la ville désirable, puisqu'elle contribue puissamment à réduire l'empreinte carbone de la ville, en même temps qu'elle assure un meilleur confort à ses habitants. Une ville désirable est une ville dans laquelle le logement n'est pas figé dans une forme définie au moment de sa conception, mais est susceptible d'intégrer des espaces nouveaux en fonction des événements de la vie de ceux qui l'occupent, de répondre à une certaine modularité en termes de surface et d'usages, et est connecté à toute une série de services, en direction notamment des seniors ou des foyers monoparentaux.

Repenser la mobilité urbaine

La ville désirable est aussi celle dont les mobilités sont faciles et en partie décarbonées. De ce point de vue, le rôle de l'automobile, abordé en filigrane tout au long de ce livre, est central. Je ne crois pas à la ville sans voitures ou véhicules utilitaires. Ce serait nier sa fonction économique. Pourtant, il est indéniable que les politiques urbaines menées ces dernières décennies ont été en grande partie adaptées à la croissance du parc automobile avec le développement de véritables autoroutes urbaines et la multiplication des liaisons circulaires. Pékin en compte six dont le plus important est le deuxième périphérique au cœur de la ville, qui reprend le tracé des anciens remparts de la Ville tartare. Cette soumission de la ville au trafic automobile n'est plus de mise aujourd'hui, mais concevoir la place nouvelle de la voiture en ville ne peut résulter que d'une stratégie progressive et répondre à un projet d'aménagement global des espaces urbains. Cette stratégie doit être menée en parallèle de la densification des réseaux de transports collectifs et d'une réflexion sur le rapprochement entre les espaces de travail et les lieux de résidence. Autant cela peut être fait dans les projets de quartiers nouveaux ou d'écoquartiers qui se multiplient dans les grandes villes, autant dans la ville « ancienne » ce rapprochement est problématique, comme je l'ai déjà évoqué. Mais il est indéniable que les mobilités des années futures seront de plus en plus décarbonées. Le véhicule électrique va se développer, les voitures autonomes vont apparaître progressivement, à une échéance un peu plus lointaine, facilitant la circulation et réglant en partie le fameux problème du « dernier kilomètre ». Ce sont des tendances positives qui ne peuvent qu'améliorer l'attractivité des grandes villes.

Le retour des villes moyennes ?

Au cours de mes entretiens, la question de la « ville moyenne » a surgi à plusieurs reprises. Ces dernières années, elle a souffert de la montée en puissance des métropoles. Certains veulent voir dans la crise de la Covid-19 une chance nouvelle pour ces cités et il est probable que c'en est une, effectivement. Mais pour que le phénomène prenne de l'ampleur, il nécessite la mobilisation d'investissements importants et surtout une réflexion sur le niveau de services que ces villes sont en mesure d'apporter à leurs résidents. Ceux qui aspirent à les rejoindre ont les mêmes attentes en la matière que s'ils résidaient dans une métropole, qu'il s'agisse d'équipements de santé, d'enseignement, de transports collectifs, de loisirs et de culture, de réseaux de communication. Dimensionner ces équipements au bon niveau en fonction des bassins de population requiert un effort de planification que l'État, les collectivités locales et les investisseurs publics ou privés doivent mener de concert. Il est probable que cela doive passer par des efforts de mutualisation de certains de ces équipements entre villes moyennes relativement proches. Or l'« esprit de clocher » n'est pas entièrement mort dans notre pays. Il n'est que de constater les problèmes que pose parfois le fonctionnement des intercommunalités pour s'en convaincre.

L'apport de la technologie

Reste une tendance de fond, bien réelle : de plus en plus d'entre nous, dans tous les pays, veulent travailler là où ils veulent vivre. Les nouvelles technologies y aideront et notamment la 5G. Elles serviront aux territoires pour améliorer leur attractivité et offriront aux Français la possibilité d'exercer leur activité professionnelle là où ils aimeraient vivre. De ce point de vue, la résistance qui se manifeste parfois dans notre pays vis-à-vis de l'introduction de la 5G est difficilement compréhensible puisqu'elle peut être un facteur d'égalité entre les territoires et faciliter des choix de vie.

Avant tout, des villes inclusives, pour tous

La ville est d'abord un objet social. Imaginer la ville de demain uniquement sous l'angle des technologies, des bâtiments, des mobilités, ce n'est faire qu'une partie du chemin. La ville doit être au service de ses habitants, de tous ses habitants. La ségrégation sociale est malheureusement encore présente dans trop de métropoles. Le mieux vivre ensemble doit être au centre des réfléxions. Pendant trop longtemps, les « banlieues » ont été délaissées au profit des centres-villes. Sans attendre la vision eschatologique de la Jérusalem céleste des chrétiens, la ville de demain ici-bas, doit être celle de l'inclusion sociale, de la mixité, du lien, de la complémentarité des générations. La conception de l'habitat, l'organisation de l'espace public, le déploiement des mobilités collectives, l'accès à l'enseignement, aux équipements sportifs, aux lieux culturels doivent répondre à cet impératif.

Notre société est soumise à des tensions très fortes liées à des causes extérieures (le dérèglement climatique, la menace terroriste, la dégradation de l'environnement) et internes (les inégalités, la pauvreté, les réflexes communautaristes). La ville de demain se doit d'être un facteur de réduction de ces tensions. C'est une tâche immense qui nécessite la mobilisation des intelligences, des savoirs, des volontés de tous ceux qui participent à la vie urbaine. C'est en tout cas le vœu que je forme car c'est ainsi que la ville deviendra à nouveau désirable.

Remerciements

Je remercie Laurence Pernot et Emmanuel Normant, avec qui a germé l'idée de ce livre et qui l'ont enrichi de leurs commentaires, ainsi que toutes les équipes de Saint-Gobain, qui travaillent sur beaucoup des sujets traités, et au premier chef, Benoit Bazin, qui va avoir la tâche de conduire ce beau groupe auquel j'ai consacré l'essentiel de ma vie professionnelle.

Je remercie également les nombreux spécialistes d'architecture et d'urbanisme avec qui j'ai pu m'entretenir, et en particulier Denis Valode et Olivier de Dampierre – à qui nous devons la tour Saint-Gobain –, Sylvain Grisot et Jean Haëntjens.

Enfin, je remercie mon éditrice Odile Jacob pour ses encouragements ainsi qu'Agnès Lamour, mon assistante, toujours aussi précieuse depuis plus de dix ans.

Table

Cet ouvrage a été composé
en Adobe Garamond Pro
par FACOMPO
à Lisieux (Calvados).

CET OUVRAGE
A ÉTÉ ACHEVÉ D'IMPRIMER
SUR ROTO-PAGE
PAR L'IMPRIMERIE FLOCH À MAYENNE
EN AVRIL 2021

N° d'édition : 7381-5618-X – N° d'impression : 98257
Dépôt légal : mai 2021

Imprimé en France